美しいこと

赤木明登

写真／小泉佳春

新潮社

まえがき

「美しい」ということほど、誰にでも経験できることはない。僕が初めて「美しい」と感じたのは、いつのことだったのか、そしてどういうふうにそう感じたのか、もちろん思い出すことはできない。でもおそらく、「きれい」や「かわいい」や「きもちいい」や「おいしい」や「うれしい」や「たのしい」や「あたたかい」や「やさしい」に近いけれど、違う、もうちょっと抽象的な感覚として、僕の中にプログラムされていたんだろう。でも同時に、「こわい」や「すさまじい」や「かなしい」や「さびしい」や「いたい」、さらには「きもちわるい」や「きたない」や「みにくい」の中にさえ、「美しい」ことがあるのを子どもの僕は知っていた。そうなるともう、「美しい」ってどういうことなのかさっぱりわからなくなる。子どものころならば、考えずにすんだものを、大人になってからあれこれと思い悩むようになってしまったのは、いやはや、めんどうなものだと我ながら思う始末。考えても考えても、いろんな「美しい」を結びつけているのが何だかわからないのに、思いもよらぬところで、「美しい」を経験し、感動させられてしまうので困ってしまう。いったい「美しい」って何だろうと。

僕は器を自分の手で作ることを仕事にしている。ときどき、どうしたらこんなにたくさんの器の形を作り出すことができるのかと、たずねられる。実は、美しい形が生まれるのは、美しさのことも、形のことも何も考えていないときだ。いくら頭をひねって考えても、いい形など自分で創造することなんてできない。知らず知らずに鼻唄でも歌いながら夢中で仕事しているときとか、長距離のドライブをしているときとか、海に潜っているときとか、ふっと降りてくるように、いや心の底からぽっかりと浮いてくるように、形は生まれてくる。その瞬間には、もう目の前にはっきりと器があって、手に取れるぐらいにちゃんと色も形もできあがっていて、感動している自分がいる。本当に何もしていないのに、いつもそうなる。いったい誰が作っているんだろう、これは。僕は、ただ待っているだけなのだ。言葉だって同じだ。いつも文章を書こうなんて思ってはいない。ただ待っていると、ふと文字が、ちゃんと列になって次から次へと降りてくる。いつのまにか誰かが書いてくれている感覚。僕はそれを忘れちゃいけないと、あわてて書き留める。それだけ。

そういうことが起きるのはどうしてなんだろうと、僕なりに分析してみた。すると、降りてくる前に、前というのはついさっきのときもあるし、一年前のときもあるし、もう忘れてしまうくらい前のときもあるけれど、必ず僕が何かとリアルに出会っていることに、出会った対象と対話していることに気がついた。それは、たとえば木や土など、手にした素材だったり、誰かが作った芸術作品だったり、全く意味のない石ころだったり、もちろん人だったりもする。要は何でもいいんだけれど、僕の心の底の方に、たぶん魂のような部分に、振動を与えるような何かだ。

だから、これだけは言うことができる。ひとつの物語が生まれる場所に、ひとつ「美しい」があるんじゃないかと。何かと何かが出会って、振動が生まれ、さざ波となり、新しい物語が始まる。その生成の現場に「美しい」はいつも立ち会っている。喜びであれ、悲しみであれ、もっとささやかなものであれ、人の心をふるわせる物語とともに「美しい」は生まれ、現れて、形になったものはまた何かと出会い、別の物語を生み出していく。

人が生きていくには、世界とつながる回路が必要だ。そしてそこから紡ぎ出される物語が必要だ。目を閉じて、耳を塞いで、息を潜め、全身を堅くして、世界に触れることがなければ、物語が始まることはない。

目次

デザイン／山口デザイン事務所　山口信博＋大野あかり＋宮巻　麗
写真／小泉佳春

人の手

シュテファン・フィンク
木工職人
アナベル・シュテファン
靴職人

人がこころをこめて手の中で作りだした道具には、自分の肌に寄り添うような心地よさがある。けれど、そんなものに出会うのはなかなか難しい時代になった。でも、僕はあきらめることを知らない。本物を味わうヨロコビを求めて、まずはドイツのハンブルクへと向かおう。雲の切れ間から、初冬の黒い森がいくつもいくつも現れては消える。フランクフルトを経由して、光はさらに鈍く重く変化していく。この光の中に、街があり、建物があり、暮らす人がいる。旅することは、未知の光に包まれること。そして、その光の中にある美しいものと出会うこと。

よい筆記具は手をよろこばすことができる

シュテファン・フィンクさんと僕は、毎日握り合っている。彼が作った万年筆とシャープペンシルを使わない日はないからだ。職人さんは普通、自分の使う道具のグリップは、自分の手に合わせて自分で作るもの。そうでなければ仕事にならない。ところが書くための道具になるとそれが難しい。工業的に生産された筆記具は多種多様にあるけど、どうもしっくりくるものが見つからないのだ。全体に細すぎる。木でできていて、僕の手に細すぎないものはないのか。そんなときに出会ったのがこのペン。最初は、ちょっとオヤジっぽいかなと思ったけどね。同じ形でも一つ一つの太さと重さが違っていて、自分の手に合ったものを選ぶことができる。「選ぶのを迷ったら、目を閉じて、手を信じるといいよ」と教えてくれた。日々の暮らしに寄り添うような小さな道具だけど、使うたびに、「あっ、手が幸せ」と思えてしまう。こんな些細なことを積み重ねて生きていくことができたらいいなあ。

靴によって人生の歩み方が変わる

人間は、一人ずつ足の形、歩き方が違う。なのに量産されている靴は、基準が決められていて、人は、決められた形に自分の足を合わせて生きて行かなければならない。本当は、自分の個性に靴を合わせるべきじゃないのかな。個人のために完全なオーダーメイドの靴を作るマイスターは、ドイツでも多くはない。アナベル・シュテファンは、徹底した完璧主義でもって最高のものを作るべく、自分の手ですべての工程をこなす。自然なやり方でなめされた一頭の牛の革から作るのは、一足の靴だけ。左右対称のいちばんいいところだけを使って、左用と右用にする。別々の場所から取ると、左右の靴の傷み方が変わってくるからだ。人の足は、左右で大きさも形も違うから、外側は同じ形でも厚さを変えて、内側は、足に沿っている。靴作りは、まずお客さんと話し合って、その人の人生の歩み方を知るところから始まる。

「靴は、私たちの人生を運んでくれる大切な乗り物だからね」

自分の手でものを作るという生き方

北ドイツの港町ハンブルクの中央駅の裏側あたり。かつてちょっと怪しい地域だったのが再開発されて、古いビルがデザイナーやアーティストのためのスタジオやショールームとして使われている。木工職人と靴職人は、その一画を工房にしていた。この街の真ん中にアルスターという美しい湖があって、その北側のアパートで二人は暮らし、自転車で、湖の周りをグルリと回って、南側の工房まで通っている。

十代後半、女優を目指してアメリカに渡ったという美貌の靴職人をどうやって口説いたか。木工職人は、自分でキャンドルスタンドを作って彼女にプレゼントする。「部屋で二人きりになって贈り物を試してみるのに、一度部屋の電気を消してしまわなきゃね。それだけでいいムードが作れるのさ。でも、コレは秘密だけど、当時ハンブルク中の若い女の子の部屋には、僕の作ったキャンドルスタンドがあったんだ」と、笑っている。彼らの部屋のベッドもテーブルもシュテファンの自作。暮らしぶりもシンプルで無駄がない。二人とも手でものを作ることが心から好き。自然の素材が好き。普通の暮らしの中で使える機能性を持ったものが好き。だからおたがいが好き。

職人の魂

「職人」と「作家」の境界について、ときどき思い悩まされる。僕が自分の肩書きに「塗師《ぬし》」という職人の名前を使うと、「あんたは、職人じゃない。作家だろ」と、厳しい人に叱られる。確かにその通りなのだ。だけど、自分で「作家」とか「アーティスト」を名のることに、どこか違和感がある。作られた作品のオリジナリティ〈起源〉を、制作者である個人に求めるのが、作家ではないか。さらに、作家には、自己表現という重要な仕事がある。そのどちらもイヤなのだ。僕の作ったお椀のオリジナリティは、僕個人にはない（それは、過去の人間のながーい営みの中にこそある）。自分なんかを表現してなんになると思っているし、そもそも表現するような確かな私があること自体を疑っている。職人でも作家でもなく、でもお椀に漆を塗り続けている僕って何？　ハンブルクを飛び立ったばかりのルフトハンザの中で、僕は考え始めた。

「機能性こそが、私にとって芸術的です」

シュテファン・フィンクの明快な言葉を思い出す。明快だけれど、この言葉、謎にみちている。そもそもヨーロッパで、芸術作品〈アート〉と呼ばれるのは、絵画とか彫刻とか用途も機能もないものに限られてきた。対して、機能性を持った家具や花瓶などは、どんなに装飾的に作られていてもそれらは工芸作品〈クラフト〉でなかったのか。そしてアートを担うのが作家で、クラフトを担うのが職人ではなかったのか。

シュテファンにとって、ダイニングテーブルは、四角いもので、それを変形したり、何かをつけ加えることには興味を示さない。だが、プロポーションを変えたり、機能性の部分で何かをすることはできると言う。彼は、あくまでも職人なのだ。にもかかわらず、シュテファンの作る一本の万年筆を手に取ると、何か、芸術的なものを感じてしまう。ここでいう、芸術的なものとは、高い精神性、完璧な技術、生き生きとした作る喜び、選び抜かれた素材、そういったものが複合しながら、使う人の心を揺さぶる波動のようなものだろう。もはやドイツでも職人と作家の境界は、止揚されている。

フランクフルトで、関西空港行きの国際線に乗り換える。さて、別の視点からも考えてみよう。現在の多くの職人仕事のつまらなさについて。人の手が、機械のマネをしたように、きちっとものをつくる。上手になりすぎると、技術が見えすぎてしまって、作られたものがつまらなくなってしまう。けっしてヘタがいいと言っているんじゃない。技術が見えるのは、小さな自己表現にすぎないと思うのだ。

シュテファンの仕事を一週間彼の工房で見つめてきた。基本となる形は、きわめてシンプルで三つしかない。でも彼の生み出すペンは、一つ一つその太さや、膨らみのピークが微妙に違う。その違いは、工程の中で自然に現れてくる。木目を見ながら仕事をどこで止めるか、木の堅さ、その時の気分、心地よさ！ そういったものの結果として「揺らぎ」が生まれてくる。この「揺らぎ」こそが、本当に職人的な仕事のおもしろさを支えているんじゃないか。

そのおもしろさを失わないようにと、彼は、自分の作るものの数をぎりぎりまで抑えている。自分が楽しく仕事ができる量で止めておきたいのだ。限界を超えると仕事が苦しくなる。一つ一つの表情の違いを、まず自分が楽しみたいのだ。限界をかなり超えたところで、欲張りに仕事をしている僕は、少し恥ずかしくなってしまった。

ものを自らの手で作り出す、そしてそのことを心の底から自分で楽しむ。それ以外に、使う人の心を揺さぶる方法はない。それこそ続けるのが、いちばん難しいことではないか。シュテファンにそうすることができるのには所以がある。彼は、九年間の義務教育を終えて、十四歳で木工職人に弟子入りする。もはや、ドイツのマイスター制度は、日本でイメージされているような世襲のものではない。自らが職人になることを希望して、出発するのだ。彼の親方は、心のあたたかい、明るい、静かな人だった。そして、仕事を楽しんでやっているのがじんわり伝わってきた。当時、シュテファンは吃音がひどく、誰とも会話することができなかった。ある程度作業ができるようになると、親方は、仕事の終わった後は自由に轆轤を使わせてくれた。ある夜、彼は、形の中に自分が入れることを知ったのだ。言葉がなくても何かを伝えることができる。自分が他者と繋がることができる。そして、夢中になった。この感じ、僕にもよく解る。こうやって、私は、初めて私になる。最初から、伝えるべき私があるわけではなかったんだ。その後は、静かに微笑みながら、次々と生成してくる新しい私と出会いつづければいい。

もちろん、職人としての技術はきちんとしているし、機能に即した完璧な形を実現することに徹底している。だが、ただそれだけじゃないところが、シュテファンの希有なところだと思う。

「小さな子どもたちは、大事そうに僕のペンを手にとって、とても純粋な目で見ている。何の知識も経験もなくても理解できることがある。それは、木の魅力。シンプルな形の魅力なんだ。何の先入観も下心もなく、ただ手にした道具を使うことを心から楽しむような……」

きっと、子どもたちが見せてくれたキラキラした表情と同じ目をこの人も持ってる。いま生まれたばかりのシュテファンは、その目を通して、世界と一つになることができる。

ただ、あたりまえのこと

坂田敏子
デザイナー

山手線の目白駅。改札を左に出て、目白通りを西へ向かって歩く。小さな教会の前を通り過ぎ、しばらくすると右手にmon Sakataという名の洋服屋さんが見つかる。三十年ほど前からこの辺りで続いている小さいけれど大きなお店だ。敏子さんは、この店のオーナーで、デザイナー。お店はここにしかないのに、僕はこれまで日本中のあちらこちらで敏子さんの服に出会ってきた。派手ではないけれど、一目で「あっこれは」とわかるのだ。もちろん新しいデザインもあるけれど、最初から変わらないのもあるという。お客さんにはもの作りの人も多い。

遠足に行くたびに、母さんが新しい服をつくってくれた

「よくデザイナーの人で、考えるだけじゃなくて、自分の手でものを作りたくなっちゃう人っていますよね。敏子さんは、自分で縫ったり、編んだりしないんですか」

「私は、そうならなかったの。子どものころ、春と秋の遠足のたびに、母が新しい服を縫ってくれたんです。自分でこんなのがいいなって、デザインを決めて、お願いしてました。こういうのを作ってと、言い続けてそのまま大人になっちゃったんです」

「男物の服は、ご主人の坂田和實さんのためにデザインしているという人がいますが」

「全然違います。私の場合は、素材から始まります。ある素材と出会って、こうやってずっといじってて、そのクセを知って、これならどんな服を作るかと考えるんです。そのとき中に入る人はいない」

「敏子さんの服って、頭で考えてデザインするんじゃなくて、手で数をこなす職人さんがいいものをつくり出すかのような感じがします。手で触る中から生まれてくるものとゆうか……」

「糸や布が大好きで、触れていると楽しくてしょうがないんです」

子どものころの「お店屋さんごっこ」と同じなんです

「敏子さんの服って、柄とか、織りが変わってるとかじゃないけど、ソデとかエリとかクルクルってしてたり、布の選び方とか、すごくこだわりがあるのに、それが前に出ていなくって、ちょっといいなって思ってしまう」

「エリとかのちょっとした縫い目とかが気になるんです。そんなの無くっていいやって。タグも本当は、イヤ。切りっぱなしだったりする方が、好きなように重ね着したりしやすいでしょう。本当に自分の好きな素材だけを選んで作っているから、数もほんの少ししかできないんです」

「たくさん作る必要は、ないですもんね」

「この小さな店でしかできないことがあるの。一、二点でもできる小回りがきくの。お客さんも多くはないけれど、細く長く、ずっと好きでいてくれる人がいてくれれば、作り続けることができる。糸と布を選んで、素材で遊んで、それが服に変わってく。その快感があって、それを売るお店がある。小さいときのお店屋さんごっこと何も変わらない。やっぱ、子どもの時にいろんなことの原点があるのかなぁ」

ずっと身近にいて、なじんだものがいちばん美しい

「よく、うちの服が一番似合うのは、ダンナだと言われるけど、それは何年でもすり切れるまで同じ物を着てなじんでいるからでしょう。そうやって、自分の物にしていくみたい」

「僕も、このシャツ十年は着てますよ。こないだ新しいのを買ったら、厚さが違うんでビックリしました」

「生地は、変わってないんですけど、着てるうちに薄くなるよねぇ」

「もう肌の一部に近い感じ。これナシでは、生きていけない、なんてね」

「そろそろ、うちも三十周年、その時のために企画をたてています。もちろん〈なじんだもの〉でいこうと思っているの」

「それは楽しみだなぁ。服も、使い手が育てるものだということでしょうか。ところで、このマンションも中村好文さんの設計で改装されてから、二十年たっているそうですね。ずいぶんと、いい味になっているじゃないですか」

「広さのこととか、不満もありますけど。確かに、ここが一番、居心地のいい場所になっちゃったということでしょうか」

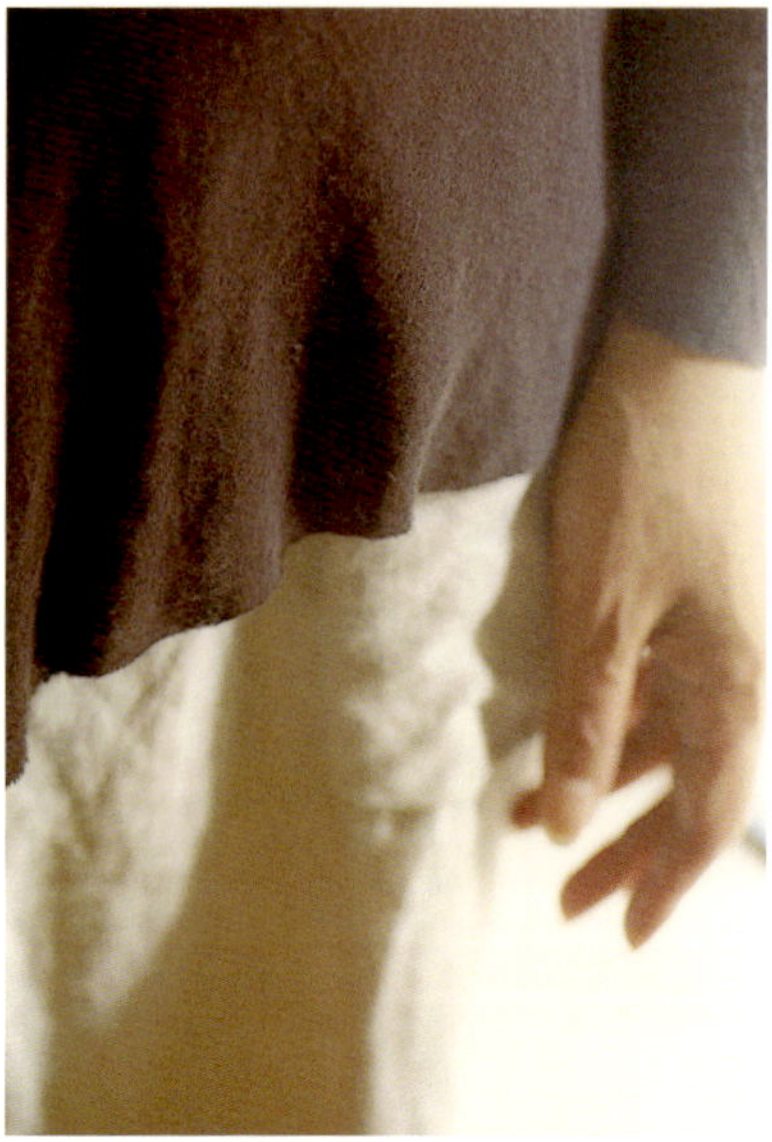

普段着と茶碗蒸し

「男たちは、どうして闘おうとするんだろうねぇ」と、敏子さんは言う。きっと、闘っているのは、敏子さんのダンナ様の和實さんのことだろう。それから「たち」って言っているのは僕のことも入っているし、前著『美しいもの』に登場してくれた百草《ももぐさ》の安藤雅信さんや、次に登場する内田鋼一さんのことも。だとしたら、ちょっと光栄かもね。

僕は、いつもものを作りながら、そしてこの原稿を書きながら、そうならないように気をつけているにもかかわらず、いつのまにか志とか教訓？ 理屈？ のようなものを探してしまってる、気がする。うーん。ここが敏子さんと会うといつも困って、同時にドキドキして、考え込んでしまうところだ。

「僕は、ただ、作りたいぬりものを作るんだ」と言いながら、いつも何かと闘っている。「産地で作られた既製の漆器の形が悪いとか、茶道の決まり事なんてどうでもいいとか、現在の現代美術はつまんないとか、民芸なんてかっこ悪いんじゃとか、美術と工芸の境界を越えてやるとか」ブツブツ言いながら。それって何だか変だよね。僕、本当にただ、作りたいものをこれまで作ってきたんだろうか。ブツブツ言いながら、他者に否定的で、そして自分のやっていることを正当化しているだけじゃないか。自分に自信がないからこそ、自らの作るものの卓越性を理論的に証明しようと、他者と比較して躍起になっている。ひょっとしたら外部に批判すべき対象としての他者がいて、初めて僕のもの作りが成り立っているんじゃないかな。

「そんなの、あんましかっこ良くないよね」って言ったら「何かと闘っていた方が、伸びるんじゃないの？」と、大笑いされた。

三十年ほど前、敏子さんが始めた普段着の店は、ダンナ様のやっている古道具の店の一部だった。「モン・サカタ」と「古道具坂田」は、一つの店だったのだ。当時、古道具として並んでいたアフリカの道具を見た時に「そうだ、自由に作っていいんだ」と感じて、楽な気持にされたんだと敏子さん。

「木工のものでも何でも、ただ、その辺にある木をくっつけたり、ただ、刳《く》り抜いただけ、ただ、作っているという感じ。うまく作ろうとか、いいものを作ろうとかいうんじゃないのだけど、すごくインパクトがあったり、必然性も秘めてるような……」

ものを作るという仕事が、無名の職人から個人の作り手に変わるとき、やっかいな問題が発生する。この「ただ、ただ、ただ」っていう感じがどこかでなくなるのだ。僕の作るぬりものが、いつの間にか比較すべき他者がいないと成り立たなくなってしまっているかもしれないように、作り手がどこかで他者と競争し、勝負をしてしまっている。でも、ものを作ることの本質は、そこにはない。敏子さんはアフリカの古道具の中にその本質を発見し、感じたんだろう。敏子さんの服は「ただの服」なのだ。

「モン・サカタ」は、自分の息子に着せる気に入った服がないから、子ども服で始まった。だから、「モン」は、息子、彩門《さいもん》君のモンなのだ。やがて子どもが大きくなって、必要なくなったので子ども服はやめて、婦人服にかわる。作るのは、あくまで自分が今、作りたい服なのだ。

「本当に身の回りの、当たり前のことから始めているだけで。無理しないでじわじわじわじわ今できることさえやれればいいいな。手に入った糸や布と、ただ向き合っているだけでいい」

アフリカの人たちが何千年もの間変わらない生活道具を作り続けたように、敏子さんの服も最初作り始めてから今も作り続けているものが多い。そこがスゴイ素敵なことだと本当に思う。

「それは、ただ、その服を今でも大切にできるからよ。服は、私にとってすごく楽しいものだし、同じように楽しんでくれる方がいらっしゃるなら、それでいいかな。毎日おいしいものを食べるのと同じよね」

そういえば、同じことを気づかせてくれた連れ合いが、僕にもいた。のろけじゃないけどウチの奥さんの智子だ。一九九四年に独立をしてこの仕事を始めようという時に、これから自分は何を作ろうかと悩んでいた。従来のピカピカの輪島塗ではないもの。尊敬している漆芸家の角偉《かどい》三郎《さぶろう》さんの作品とも、全然違うもの。そういう「〇〇でない」「△△でない」という否定形はあるのに、「じゃあ何があるんだ」というのが見つからない。悶々とした。

ある日、智子が台所でご飯を作っているのをぼんやり眺めていた。茶碗蒸しを作っている。子どもたちが好きだから、茶碗蒸しはおいしいからと、ただ、ご飯を作る。「変だよね、変だよね」と思いながらも、突然、泣けてきた。

「そうだ、そうだ、ただ、ただ、自分が好きなものを、今ここで作れるものを作ればいいんじゃないか」。そんな単純なことがその瞬間にやっとわかったのだ。そこから僕の仕事が始まった。なのに、僕の「ただ、ただ」は、すぐに汚れてしまう。

「わかったわかった」と叫びながら、それでも闘うことをやめない男たちを尻目に二人のトコちゃんは、今日も身近な今できることを鼻歌歌いながら楽しんでいるはずだ。敏子さんも智子も、小さい頃から、そして甘えたダンナからもトコちゃんと呼ばれている。

「美しいものって、その人になじんでいるあたりまえのもの。もう捨てられないで持っているもの。自分からは去っていかないものなのよ、大切にね、赤木君も」

内田鋼一
陶芸家

無数の小さなキズ

初めて出会ったのは、二〇〇〇年、名古屋のギャラリー。彼は、木訥に「これ」とひとこと言って、僕の塗った小さな箱を買って帰って行った。名古屋で出会った一年後、僕は家族とともに、三重県四日市を訪ねた。高速道路の出口まで、一九六〇年代製の左ハンドルのダットサンで迎えにやってきた。その黄色いワゴンは、アメリカで買って持って帰ってきた車だという。がっちりとした大きな体軀に黒い服。強面の顔。なのに、うちの次女音《のん》ちゃんがまとわりついて離れない。「くまのおじさん」とか呼ばれている。目に鋭さと優しさが同時にあるのだ。

形を失う前にもう少しだけここにとどまっていてほしい

ものを作る人は、美しいものと出会わなければならない。才能ある者のところへは、古今東西を超えて、美しいものたちが集まって来る。まるで、意志を持った古物たちが、向こう側から歩み寄って来るかのように。内田鋼一の手の届くところにあるものたちを見て、そう感じるのは僕だけではないだろう。ものが意志を持っているって？　そんなわけないだろう、と思う人は、ものとそんな関係を紡ぐことのできない人だろう。人は、念ずれば、物質とさえ心を通わせることができるのだ。そして、それが新たにものを作り出す力になっていく。すべての物質は、時間とともに崩壊していく。表面に小さな傷が刻まれ、穴が生じ、角が取れ、構造が崩れ、形を失いつつも、その一歩手前でこの世にとどまるものたちが、ここに集まる理由がある。鋼一ちゃん自身が、こっちの世界にとどまりながらも見つめているのは、目に見える形と意味に縛りつけられたこの世界の向こう側なのだ。物質の表面に現れた儚げな肌理《きめ》は、僕たちが知っている目に見えない世界を感じさせてくれる。いまでは、それらが何と名付けられていたものなのか、知る必要もないだろう。

ものを作ることで初めて人と繋がることができた

　内田鋼一の身体には、いくつものキズがある。若いころの喧嘩で、事故で、負った傷。同じように心にも無数の傷がある。その傷が、この人を魅力的にしている。何度も泊めてもらって、酒を飲んだ。いっしょに旅をした。どんなに忙しくても、忙しそうに見せない。なのに、僕が酔いつぶれて寝たあと、深夜に一人轆轤を回していたりする。徹夜をしても、ようやく目覚めたお客と何食わぬ顔で茶を飲んで、ゆっくりと時間を過ごす。

「いいな、赤木さんは女にもてて」などと冗談を言う。「いえいえ、そんなことはありません」「ウチに来るのは、おっつぁんばっかりでさ」。内田鋼一は、男によく惚れられる。「それから病気の人」。それもよくわかる。いっしょにいると何か太いしっかりしたものと繋がっている気がする。鋼一ちゃん自身、この世界との違和感を暴力的に発散させていたときもあった。

「でも、俺さぁ、ものを作ることで初めて人と繋がることができたんだよ。たまたまこうなっただけだけどさ、もし、ものを作ってなかったら今頃どうなってたかわかんねぇよ」

　だからこそ、作ることがそのままよろこびに繋がっているのだろう。

テクスチャーが異なる時空間を結びつけている

三〇頁のボロボロの扉は、十七世紀スペインのキャビネット。その中にある白い壺。一見李朝だが、これは内田鋼一の作品。「これは、写しなのか」という僕の問いに、鋼一ちゃんは少し抗う。

「新しく作ったものを、古いもののように見せるのは贋作だろ。見事な贋作は、いいものの見所、ツボがぎっしり詰まっているからすぐわかる。そんな完璧なものがあるわけない。それに、パッと不健康な感じが伝わってくるだろ。それは人を騙くらかすのを目的にしてるからさ」

内田鋼一のやろうとしていることは、それとは天と地ほど違う。古い李朝の壺、それを美しくさせている何か、必然性のようなものと繋がろうとしているのだ。それさえ見つけることができれば、彼の作るものは何と名付けられてもかまわない。それが器と呼ばれようが、現代美術と呼ばれようが、関心を示さない。それは鋼一ちゃんの仕事の本質が、物質に与えられる形や、意味を超えたところにあるから。ある時代の、ある一点にとどまらせようとする形や意味を破壊する契機となるのが、テクスチャーだ。

魂を解き放つ

二〇〇五年十月二十六日、輪島の漆芸家・角偉三郎さんが亡くなった。角さんの友人のまんじゅう屋・高橋台一《たいいち》さんが小田原から駆けつけてきた。僕は空港へ迎えに行って、そのまま偉三郎さんの家へ。眠る偉三郎さんの傍らで二人で泣いた。

四日市の内田鋼一から電話がかかってくる。すぐにこちらに来ることができないので、香典を代わりに届けて欲しいと言う。その時、偉三郎さんと鋼一ちゃんとで二人展をする約束があったことを初めて知る。この二人は、まだ直接に出会ってはいない。でも、偉三郎さんは、鋼一ちゃんの作ったものを確かに見ていた。「俺は、会場にはいないから、知らないあいだに見てくれてたみたいなんだ」と、鋼一ちゃん。そして偉三郎さんは、鋼一ちゃんの作ったものを確かに知っていた。わかっていたのだ、その繊細かつ骨太な魅力を。だから、偉三郎さんの方から「一緒にやりたい」と持ちかけたのだろう。もし実現していたら、この展覧会を見てみたかった。

同じもの作りとして、僕はこの二人に強い嫉妬を感じている。その一人がいなくなったのが悲しい。鋼一ちゃんは、僕よりずっと若く、偉三郎さんはその父親の世代だった。

年齢にも経験にもそれは関係がなく、二人ともに、人間が太くて深い。そして太くて深いものが作品の中に現れている。僕は、その前でこころを揺さぶられるのだ。

いわゆる聖人君子ではない。鋼一ちゃんは、かなり悪い人だけれど、同時に、すごくいい人だ。人に対して、ものすごく不器用だけれど、要領よく立ち回っている。嘘もつくし、ホラも吹くけれど、ほんとうのことしか言っていない。家族を大切に思っていても、時には一緒にいることさえ辛いだろう。強いけれど、弱い。強靭さと、儚さを併せ持つ。その見た目は硬そうで、触れるとしなやかで柔らかい皮膚は、大小無数のキズにまみれている。そして、その内部に溢れ出すことのない悲しみと喜びを湛えている。

僕は、人間は、いやすべての生命は一つの袋のようなものだと考えている。皮膚という薄い膜に包まれて、外側と内側とを、分かたれている。そして確かに、僕はその内側にいる。そんなこと言っても、そう感じない人には何のことかさっぱりわからないだろうけれど……。

生命は、いや僕は、その薄い袋のような皮膚をどこかで突き抜けて、他者の内部と、そして世界と直接繋がって、混ざり合いたいと欲望している。それは、愛し合う男と女のあいだでさえ、なかなか難しい。また、皮膚の破れは、当然、生命の終焉を意味している。誰もが、袋の内側で、いつも孤独なのだ。

だから、人は、自分の皮膚を、こころを傷つける。人は、他者の皮膚を、こころを傷つける。そうして、どうにか膜を超えようとしているのだ。そういうふうにしてできた、内と外の輪郭線上の無数の傷の集合体をテクスチャーという。このときテクスチャーは、皮膚の内部の孤独なわたしの消失点になる。

鋼一ちゃんの作りだしたものを前にしたときに、まず僕に迫ってくるのは、そんなテクスチャーの官能なのだ。

同様に、偉三郎さんが僕に見せてくれたのも、見たこともないような漆のテクスチャーだった。森の土から立ち上がる漆の木の傷口から溢れる樹液。漆は、樹皮にできた傷を覆い隠すために流れ出てくる。それは、固まってカサブタのようになる。傷を覆うカサブタもまさに内部と外部の逆転する場所の象徴ではないか。漆という素材の新たな見え方を、ここに偉三郎さんは発見した。それは、美しくも、また素材にとっては本質的なものだった。

醜美も、善悪も、判断はその時代ごとに揺れ動くものだ。だけど、そういう価値観はすべて相対的なものなんだろうか。絶対的で、普遍的なものはどこにもないと言い放つことができるのだろうか。

「俺は、普遍的な何かが存在するのかどうか知らない。その輪郭すら見えないし、言葉にすることもできないよ。でも、永遠を一瞬にとどめたような何かが、人が作りあげたものの中に現れるのを知っているんだ。そこに何かがあると、ただ信じていたい。いや、何かがあることだけを願っている」

移動の車中で、鋼一ちゃんは勝手にぼそぼそと喋りだす。それまで、僕は特に質問することもなく、ただ一緒にいて、酒を飲んでいただけだ。何も聞かなくてもわかっているのだ。

相対的なものが、すべてではない。普遍的なものがどこかにあるはずだ。あるとすると、それは上の方から降りてくるものではなく、内部からじわじわと湧き上がってくるものだろう。そして、普遍性は必ず生命の本質にかかわるものだろう。その意味で、鋼一ちゃんの作り出すテクスチャーは、すでに普遍的な何かに触れている。

そして、生命の本質にどこかで触れているからこそ、袋の中の小さなわたしが消失しているのだろう。生命は、皮膚を傷つけ、少しずつ小さな死を繰り返しながら、魂を解き放ち、やがて死に至る。一度袋が破れてしまうと、もう、そこには何もない。残された者は、ただ、解き放たれた魂の冥福を祈るのみだ。

邂逅

永見眞一
家具デザイナー、桜製作所会長、
ジョージ ナカシマ記念館館長

ジョージ・ナカシマの家具を世界で唯一ライセンス生産する家具メーカーのオーナーとして紹介されることが多い。でも、ナカシマにかぎらず、ものを作り出す多くの人々を惹きつけてきたのは、この人自身の魅力だろう。近所の女子高生から、アルファロメオのおじいちゃんと呼ばれながら、毎日運転して会社に通う。八十歳すぎても現役の家具デザイナー。幸運な出会いに導かれたその人生は、日本の西洋家具の歴史そのものと言ってもいいだろう。かっこいいおじいちゃんに会うため、久しぶりに瀬戸大橋を渡って、讃岐の国へ。

樹は黙ったまま出会うべき人を待ちつづけている

桜製作所。家具職人さんたちの立ち働く作業場のいちばん奥にあるストックヤード。永見会長の姿が見えないときには、ここへ来ればたいてい見つけることができると聞いた。沈黙した森の中をゆっくりと歩き回るように、一枚一枚の板に手を触れながら、対話しているのだろうか。「家具のデザインは、人が勝手に思い描いた形からはいるのではだめでして。一つ一つ違った個性を持った樹の性質を生かすことをまず考えるべきなんです」

ここにあるのは、ほとんどがアメリカで直接買い入れたウォルナット、他にローズウッド、メイプル、オークなど、いずれも、もっとも高品質の西洋家具の用材となる。いわゆる銘木中の銘木が多々あっても、会長はその材料をなかなか使いたがらないとも聞いた。「せっかくの材料、使わずに寝かせたままなのも、もったいなくありませんか?」「そのとおりなんです。でもここにある材料は、それを家具にして生かしてくれるお客さんとまだ出会っていないだけです。ここになら置きたいという場所にまだ巡り会ってないんです。この人のためには、この樹を使いたいと思いましたら、いつでも」。そう言って、会長はただ微笑むのだ。

あの人に出会って、樹の命のことを教えられた

香川県高松市の東のはずれにある家具製作所。

「ナカシマは、日本の職人が高い木工の技術を持っているのを知っておいででした。わたしどものほうには、それがあったわけです」。会長は、ナカシマに日本の伝統的な組み手の方法を教え、反対に樹の命のことを学んだという。もちろん桜製作所では、それ以外にもあらゆる家具の受注生産をこなしている。店舗や住宅の造作に使われるフラッシュ構造合板の扉や、テーブル天板も作っている。

「僕は、桜さんで作られているのは無垢のものばかりと思ってました」「いいえぇ、回転が速く、寿命の短い家具まで無垢でやっていたら、山の樹が無くなってしまいますから」。会長にとっては、無垢も合板も、かわりなく樹なのだろう。樹の命を減らしすぎないように慈しみ、最適の材料を選ぶのみ。家具としての寿命が長いと知れば、無垢材も惜しげがない。

「昔、納めさせていただいたお店が無くなっていたりすると、あの立派なウォルナットのカウンターはどこへ行ってしまったんだろうと、そればかり気にかかるんです」

出会いと別れが、かけがえのない時間をつくる

建築士でもある会長自ら設計をした二つの家。高松市の郊外に建つ一軒家は、二十数年前に建てられ、ここで家族とともに時間を過ごした。栗林公園の偃月橋《えんげつきょう》を模した天井のある茶室は、彫刻家の流《ながれ》政之さんが名付けた「弧橋庵」。ナカシマさんと引き合わせてくれたのも、流さんだった。床は、家具材のウォルナットを使用。月桂樹のテーブルは、ナカシマのオリジナル。

数年前から一人で暮らすようになって、住まいを市中心部のビルに移した（四四頁）。公園を借景にしたアイランドキッチン。ここの床も家具材のカバが使われている。会長の座るソファも、自ら一九五〇年代にデザインしたもの。

「八十歳という歳に自分がなってみると、案外特別なことではなく、ただ一時一時がとても貴重だと思えて、今も人生が楽しいんです。ここまで生きさせてもらって、思いがけない運というのが人生の中で大切と感じました」

きっと、それは人と人、人とものの出会いのことだろう。

かっこよくて　やさしい

　大正に生まれ、昭和の初めに子ども時代を過ごす。家業は杓屋だった。隣も曲物屋、反対側は、石屋でその向こうは蒲鉾屋。当時、讃岐・高松の街にも木造横屋根の家並がどこまでも連なっていた。木目にそって割った檜板を曲げて、桜の皮を通して止め、杉の底板を入れ、柄を付けて柄杓にする父親の後ろ姿を見つめながら、少年・永見眞一は何を想っていたのだろうか。

　今、僕の前におられるのは米寿を迎える永見翁だが、微笑みを絶やさず、ゆっくりと丁寧にお話しされる姿を見つめていると、その瞳の中に、職人である父親の手先を目で追っている少年がそのまま見えてくる。今でも、永見会長はいつも職人さんの傍らにいる。

　近ごろ、僕は時間のことを考えている。時間は、過去から未来へと一方向に同じ速度で進んでいると何となく思いこんでいたけれど、そうではないということにようやく気がついた。昭和の初めの古き日本を生きている少年の時間と、永見翁の時間が同時に流れていることもある。いろんな時間が同時に進んでいったり、あるところから時間が始まったり、時間が滞ったりすることがある。

「わたしが小学校の四年くらいの時、先生がいきなり何も言わんと黒板に文字を書き始めたんです。最初、興味がなかったんで、見ないでいたら、半分くらいのところで、自分が宿題で提出した作文だと解りました。父親とキノコ狩りに行ったときの話です。『山を歩いていると、あんまり静かなんで、落ち葉を踏むカサッ

カサッという音がよく聞こえました。帰りに見た柿の赤い実が夕日に照らされてよけい赤く見えました』。それを褒められた時から、感じたことに正直でいようと思うとるんです。わたしは、わりと何でも感動する方でして」

少年の永見さんはこの時、落ち葉や柿の実と出会い、カサッという音と、赤い色に感動している。間際に、山が静まり、夕日が照り始める。これこそ、何か生き生きとした時間が始まる瞬間なのだろう。

人が何かと出会い、心をふるわせたときに、時間が始まり、ものが生まれてくる。確かに出会いは、すべての人に平等に訪れている。だけど、多くの人が、いま大切なものと出会っていることにすら気がつかないで通り過ぎてしまうのだ。

広島で被爆し、その惨状をまのあたりにする。士官候補生として終戦を迎え、焼け野原となった高松の街に帰ってくる。そこには、家も家具も何もなかったけれど、帰還を喜ぶ父親の笑顔があった。そして旧制中学時代の親友と再び出会う。その人に、西洋家具を作る会社を始めるので手伝わないかと誘われ、ともに今の桜製作所を興す。

「考えてみると、日本には家具と呼べるようなものは元からなかったんです。わたしも建築の勉強をしただけで、家具のことは何も知らない。外国の雑誌を見たりして、最初は、見よう見まねでした。お客さんは、国鉄や、官庁、GHQが主でした。特にこだわりもなく、お客さんに求められるものを作ってきただけです」

そして一九六四年にアメリカからやって来た五十九歳のジョージ・ナカシマが桜製作所に現れる。この時永見さんは、四十一歳。

「最初の、ナカシマさんの印象は、いかがでしたか？」

「わりと優しい感じでした。自分に対しては厳しそうでしたが。ああいう偉い人は、わたしらみたいな普通の人には優しいもんです。イサム・ノグチさんもそうでした」

「よく解ります。そのときの彼らの優しさは、いまの永見会長ご自身の優しい感じと重なります。立派な方なのに、少しも威張ったところがない……」

「ナカシマさんは、ヒンズー・カトリックの信仰を持っておられ、人間は自然に生きなければならないというお考えでした。全人格的に尊敬できる方でした」

永見さんは、どこか深いところでナカシマと出会ってしまったのだ。ナカシマの存在に感動し、そこからたくさんの大切なものが新たに生みだされていくことになる。

「ナカシマさんが永見会長に教えてくれたことは何ですか？」

「日本には、無節《むぶし》で柾目《まさめ》だけがいい木だという信仰のようなものがあります。それは、この国の森が豊かだからです。いい部分だけ贅沢に使って、あとは捨てることもできるんです。ナカシマさんは、樹の割れや節が美しいということを、わたしたちに教えてくださいました。一番大切なのは、すべての樹に対する変わらない思いです」

「会長さんは、そのときナカシマさんと一緒に樹の命のようなものに出会ってしまわれたのですね」

「はい。そうです」

人と人、人とものは、必要とするものどうし必ず出会うように最初からなっている。僕には、そうとしか思えない。生き生きとした時間が始まるために必要なのは、感じたことに感じたままであること。流れに逆らわず身を任せながらも、敏感であることだろう。

ジョージ・ナカシマも、イサム・ノグチもすでにこの世にはいない。出会いがあれば別れもある。だが、その出会いから始まった時間は、永見さんの現在とともに続いている。大切にされたものは、いつまでもなくなることがない。

キレイな何か

紙にする人
吉岡太志　典子

同じ仕事を繰り返すこと。一つの素材と向き合いつづけること。そこには様々な困難がともなう。慣れてしまうことほど、怖いことはない。経験を積み、技量を上げたと、慢心していると、いつの間にか失っているものがある。だからこそ、留まってはいけない。前を見て、後ろを振り返り、僕は旅をつづけるのだ。大切なことに気がつかせてくれる人に会うために。新緑のなか、ある晴天の一日。奥深い谷間の自然に、埋もれるように、土を耕し、音楽を楽しみ、紙を作り、住まいに手を入れ、子どもたちとの時間を楽しむ友人を南国・高知に訪ねた。

「谷相の風景」

吉岡太志・典子

僕たちがありがたくも
物を作ることができるのは、
豊かな〝大地〟の恵みと、
大らかに時を紡いできたむかしの人たちの
〝知〟の恵みのおかげです。
農村にはそんな〝知〟が
いろいろな〝かたち〟で残され、
あるいは残っています。
その〝かたち〟や〝ことば〟から
推測し、尋ね歩き、
その物の風景を
実際に自分のものとした時、
連綿と続いている大きくて
物言わぬ流れに触れることが
できるような気がします。

一人の天才によるのではなく、
何世代にもわたる、
手から手へと伝えられるなかで、
〝かたち〟づくられてきたぬくもりを
感じるのです。
ぼくたちのとりくみは
まだまだささやかで、
まだまだ「かたち」にはなりません。
ひょっとしたら、
到達点などないのかもしれません。

この土地に人が住み始めて、
どのくらいの時がたつのかを僕は知らない。
その間に創り出されてきたもの、
失われたもののほとんどすべてを知らない。
どういう偶然で、僕がここに棲む人と出会ったのか、
それすらも知らない。

田んぼは二反借りています。
使用するもの、
くわ、かま、麦わら帽子、タオル、
はだしがとても気持ちいいので、
ときどき長ぐつです。
やっと水がたまると、
田植えです。
去年の種をつかい、
苗をつくります。
カラスやハトが苗床をつつきます。
二か月かけて田植までぶじ終了。
日々大きくなる苗がいとしくてたまりません。
いとしがっているひまに、
水の中では、草が芽を出しています。
八月、草とりを終え、
楮《こうぞ》を白皮にしたり、
築百五十年の家を直したりします。
電動工具は音が大きいので、
かんなとのみを研いで、
のこぎりを目立てします。

秋、去年のお米が底をつくころ。
ちょっと刈っては食べます。
そんな風に
いつの間にか
稲刈りに突入です。
みんな
よろこんで
刈ります。
かまを家族ぶん
用意しないと
とりあいに
なります。

ほんの一瞬、何も知らない場所を訪ねて、
いま、手を繋いで、目を見つめ合って、
わかり合えるのは、どのくらいのことなのだろう。

晩秋、楮の収穫です。
束にして蒸します。
野原を歩くと
服にくっつく
草。
いずれ刈られるので、
その前に刈って、
その色を
いただきます。
煮ると意外にいいにおいです。
石灰、木灰、さびた釘を酢で煮たもの、
などで媒染します。
何度も染め重ねた楮を
かしの棒で叩きます。
ターン、ターン、タン。
熱気の去った秋の
空気に、
さえわたる冬のしじまに
しみ込んでいくようです。

〝つくりたい〟という気持は、
人間の本能でしょうか。
漉いた紙を、晴の日に干します。
朝は東に夕方は西に。
太陽からのおくりものを
いっぱいあびて、
できあがります。

人が手を使って、
ものをつくり出すようになったのは、いつからなのか。
そしてそれはどこまで続いていくのか。
僕には、やはり何もわからない。
ただ手でものをつくることに、苦しみと、歓びが、
同時にあることは知っている。

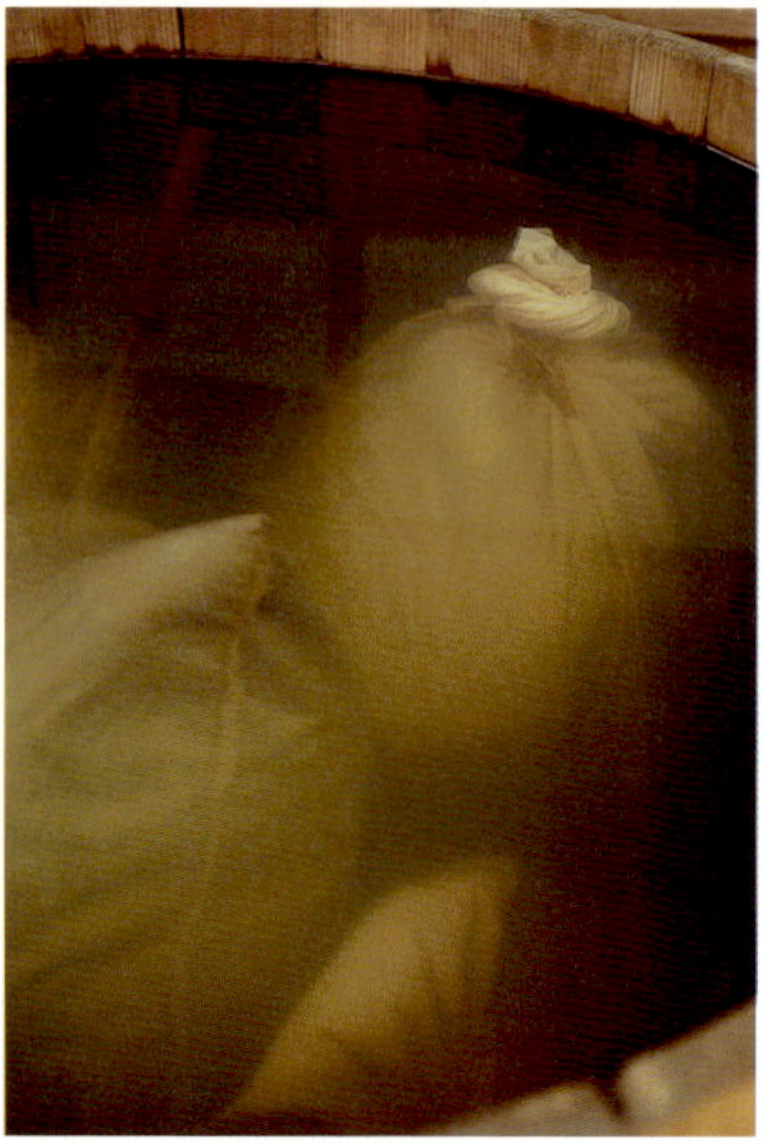

むかしの人たちは、
これに加えて、竹細工や、
ワラ細工、鍛冶に、機織り、
左官に大工、など、
自分の得意とする事を
ふつうにこなしていました。
すべてその地域でつくり、
消費し、また回していくという、
とても豊かなくらし方をしていました。
それこそが、自然と調和するくらしだと感じます。
でも今のぼくたちが、
その時代にそっくりそのまま、
逆戻りすることは、
もはや不可能かもしれませんね。
だけどその〝知〟の恵みをうけつぎ、
今のくらしに生かしていくことは
きっとできるだろうと思います。

この〝知〟の恵みが、
ぼくたちの世代で
途切れませんよう
切望しています。

（吉岡君たちが、自分たちの作った
和紙を展示するさいに添えていた文章が、
とても素敵だったので書き写しました）

帰り際、遠い道を下りながら、振り返ると、
いつまでも手を振って見送ってくれる。

「ありがとう」

こうしてあなた方に出会えたのは驚きです。

それが僕にもただただ嬉しい。また遊びに行きます。

うぶなもの

誰でも、思春期には「自分とは何か」という問題にぶち当たったことがあるだろう。僕も、そうだったけど、どういうわけかそのまま大人になりきれず、今でも同じことを考え続けている。紆余曲折があって、今は、自分が自分だと思っている自分というのがもともとなかったことに気がついて、ずいぶん呑気にしている。そのおかげで、僕は誰かと出会った瞬間に、その瞬間だけの僕になれるのだ。ある時は、ものすごくイジワルだったり、またある時は、聖人君子だったりと、出会った人とどんな関係性を結ぶかによって、そのときそのときの僕が立ち現れてくる。そんな人のことを、一般的にはいい加減な奴と呼ぶんだろうな。

もうずいぶん前のこと、高知で紙漉をしているという若い夫婦が、輪島の僕の家を訪ねてきた。いっしょに食事をし、一晩飲み明かしたあと、帰り際に何枚かの和紙を置いて帰っていった。その紙がずっと気になっている。何の変哲もない、ただの白い紙だが、これをとてもキレイだと感じるのだ。ときどき、仕事の合間に取り出しては、広げてみる。僕のこころの中に「うぶ」という言葉が浮かんだ。と同時に、自分と自分の仕事が、どこか汚れているのではないかと……、けっして純白でもなく、ただ素朴というのとも違う紙を、鏡のようにして自分の姿を写しながら感じている。

この「うぶ」さの、そして自分の「汚れ」ているという感覚の正体を知りたくて、僕は彼らの住む高知の山中を訪ねた。

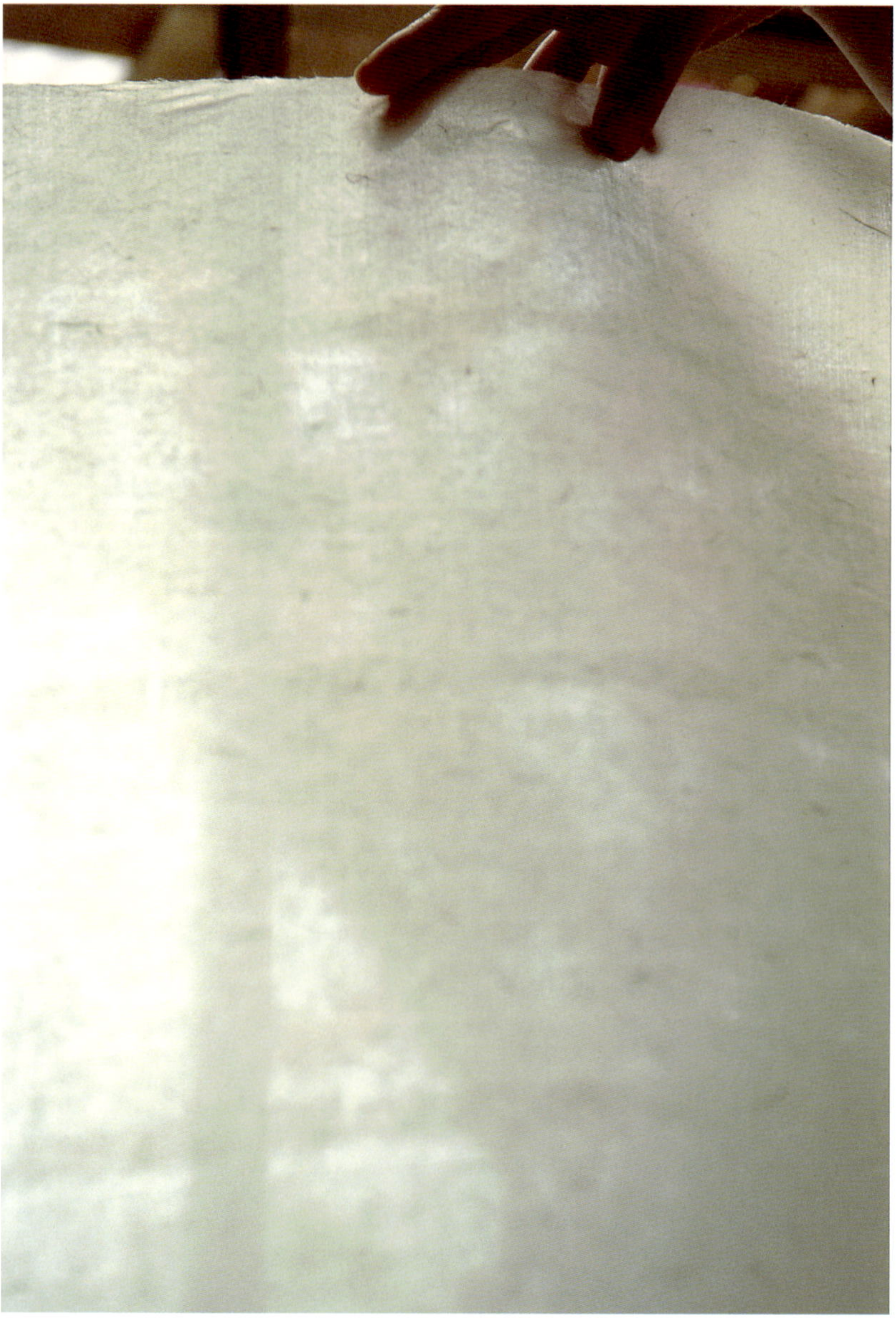

新緑の晴天である。積み重なった棚田の天辺のような場所に吉岡君たちの家がある。車で家の近くまで行くことができず、荷物を背負って、息を切らせながら田の畦を登っていく。背後に力のある大きな木が一本、幕末に建てられたという古い母屋を守っている。すぐ脇を澄んだ水が流れて、その一部が家の中に引き込まれている。そこが漉き場だ。和紙を張りつけられた、たくさんの松板が家の廻りに立てかけられ、お日様の方を向いて並んでいる。

迎えに出てきてくれた典ちゃんが、先を歩きながらときどき振り返っては、慣れない足取りの僕たちを気遣ってくれる。あー、いい人だなぁと思う。

実は、前著に登場したやきもの師の小野哲平とゆみちゃんもこの谷相という名の集落に住んでいる。彼らに、吉岡家は「原始人」と呼ばれていて、二反の田んぼを、機械も使わずに手で耕して、米を作り、和紙の材料になる楮も自分たちで育てて、これもすべて手作業で紙を作っていると聞かされた。ものすごい重労働をただ黙々とこなしている家族の姿を見て、「あいつらほっといたら死んでしまうんじゃないか」と周囲に心配されている。

紙作りでの収入は、少なそうだから生活の実際も大変なんだと思う。でも、二人の雰囲気も、家の佇まいも貧しいところがない。いや、シンプルで清々しいのだ。太志君は、ちょっとした動作まで筋が通った感じで、どこかお坊さんのような雰囲気だ。

「赤木さんすごいですよあの二人は、田んぼも紙漉も、何かの真似をしてるんじゃなくて、自分たちで実践して発見したことをただやってるだけなんです。だから強い感じがします」と、いっしょに来たぬりものの弟子が感嘆している。だけど、僕はちょっと立ち往生している。まだここで自分の像を結べないでいるのだ。

そのまま、哲平の家に呼ばれて飲み会となる。

あの和紙のキレイさの原因を、作り手たちの清さに求めたい僕とどうも話が嚙み合わない。二人は、僕が主張するようには、キレイでウブでキヨクなんてないと、実は泥臭い人間なんだとわかって欲しいと訴えるのだ。自分たちのやっていることは、そんな特別なことじゃないと繰り返すのだ。それじゃ、つまらない。だって、それだと今の僕と同じじゃないか。いや、待てよ。僕が、今見ている清く貧しい吉岡夫妻は、実は僕なんじゃないか。僕がどこかで憧れて、そうなるべきだった僕、僕がなくしてしまった僕なんじゃないか。いよいよ酒が回って記憶が途切れ始める。

僕が初めて漆と出会って二十年ほどたった。その間に何かが変わった。そのことに二人と出会って気がついた。僕自身と僕の作ったものを人の目に晒し続けることによって、何かがまとわりついてしまったのだ。僕は、他者からどのように見られるかを意識して、見せるための自分をどこかで再び固めてしまっている。気がつかないうちに見せるためのもの作りに陥っている。こういうのを目垢というのだろうか。ほんとうは、そうじゃなかったはずだ。

典ちゃんは、楮に触っていると楮になれる。のりの時はのり、刷毛の時はすぐさま刷毛になってしまうらしい。それから楮の木は、一本一本全部違うから、今漉いている楮になって、その楮がなりたい紙になるらしい。だから、一回一回違う紙になる。

「木がどんどん姿を変えて、最後には紙になる。ただそれが面白い。それだけのために私たちは、紙づくりをやっている」

うーん、そういうふうに、その瞬間その瞬間に何かと出会って、変幻自在に移ろう自己と向き合っているのかと思う。いや、自分なんてものが消えてしまって、空っぽなのか。ああ、この感じ、僕も一度手にして、いつの間にか失いかけていたのだ。端から見ていると、湯気が出そうなくらい真っ直ぐで、ひたむきな二人に向き合って、僕は涙がでそうになっている。

時間の厚み

前川秀樹
美術家
前川千恵
美術家

「ロロ・カロ・ハルマタン」的と、自らの仕事を呼んでいる。アフリカ・ドゴン族の言葉で、「月・星・季節風」を意味するらしい。今の自分たちから最も遠い土地の言葉が、喚起する物語を紡ぎ出すこと。時空間を彷徨い、移ろいをこの手の中に留めること。茨城県土浦郊外の前川邸は、古今東西の遺物、新作の混ざり合った、まさにロロ・カロ・ハルマタン・ワールド。溢れ出るような人工物世界のただなかに、新たな人工でもって一石を投じることはできるのか。近くには霞ヶ浦沿岸の蓮根畑がどこまでも広がっていた。

座る

ずっと昔この椅子に座っていた人の名前を僕は覚えている。
その人が語っていた言葉の一つ一つを覚えている。
どんな服を着て、どんな表情で、どんな仕種で、
その人はここに座っていたのか。
その人が何を歓び、何に悩んでいたのか。
時々、こぼれる深いため息や、笑い声が蘇ってくる。
この椅子に向かい合っていたのは誰だったのかまでも。

「椅子には物語がある」
前川さんが椅子にこだわる理由をひとことで答えた。
国鉄や郵便局で使われていた事務椅子、ミシン工の椅子、
ガーデンチェア、子どもの椅子、歯医者さんの椅子、
町工場で手作りされたもの、大きな工場で量産されたもの、
フランス、日本、オランダなどとならぶ古い椅子の中に、
前川さんが編み出した椅子の新しい物語がまたひとつ織り込まれる。

112

281
RS

灯す

明かりを消す。闇に包まれる。
人の声はもう聞こえないが、微かな夢がたちあがっている。
やがて夜が明ける。
気になるのは、消された明かりの後ろ姿。
夜の間に、読んだすべての疑問、聞いたすべての質問、
その答えを、あなたは知っているのだろうか。
「今ごろになって、いったい何を語ろうとしているの？」

「消えているときの、佇まいが好きなんだ」と、
照明器具を愛でる、変わった人がいる。
鉄板、鋳物、ネジ、バネ、リベット、コード、白熱球、
そんな、単純な機械っぽさもたまらない。
「この人はね……」と、ついつい呼びかけてしまう感じ。
あのジェルドという、フランスの工場でよく使われている
電気スタンドは、シモーヌ・ヴェーユを憶えているだろうか。

触る

僕はあなたのことを触りつづける。
あなたの皮膚はやがて僕の手に馴染んで、
あなたは僕の一部分になる。
あなたは、僕の手を求めながら、
身動きすることもできずにじっと待ち続ける。
あさも、ひるも、よるも、
きのうも、きょうも、あしたも、これからもずっと。

「その人の持っているものは、その人の人格の一部である」と、
ハイデッガーが言っていた（ような気がする）。
ならば、自分の世界を、
我が身の回りに広げていくこともできるはず。
まずは、まいにち手で触れる部分からその行為は始まる。
スイッチ、水栓金具、ドアノブ、フック……。
多くは、フランスで見つけたジャンクの中から。

食す

台所は、いつもどこかちょっと生々しい。
食べられるものにとって、そこは殺戮の現場であり、
食べるものにとって、そこは命の糧を得る場所だから。
他者の命を奪い、生きていくものの感謝と祈りが、
台所の道具を美しい形にし、作法を生み出す。
だからこそ、台所は汚れていてはいけない。
食具は美しくなければいけない。

手ぶらで行って、始めたパリの生活で、
とりあえず食べるための道具が必要だった。
人が来ると座る場所が必要だった。
お金がないので、拾ったものを使って、自分たちで作り始めた。
それが前川夫妻が生活道具を作り始めたきっかけ。
美術作品を作るのと同じようにして、生活道具を作る。
分裂していた二つのことが、前川さんの中で一つになった。

欠けていくもの

　またまた自分の話からで申し訳ない。僕は、新しいぬりものを作っているのにもかかわらず、それが時々、古いものに間違えられる。ひどい時には、まるで鎌倉時代のもののようですねとか。それは、僕のぬりものの表面が、ツルツルで艶やかではなく、手垢が付いてちょっと古ぼけたようなテクスチャーを持っているからなのだ。

　ある展覧会で、お地蔵に出会った。普通にしているのに細い目の線が、いい人になって笑ってる。

「赤木さんもズルいって、言われるでしょう?」と、いきなり前川さん。

「言われる!」

「そうなんですよねー。僕も、自分のいちばん好きなテクスチャーを表現してるだけなんですけどね。別に、古いものに見せようとしてるわけじゃないし」

「うんうん」

「絵を描く時はね、絵の具を何度も塗り重ねたり、オイルを染み込ませたり、剝ぎ落としたりしながら、画面に奥行きを出していくのはあたりまえのことなんですが。それを機能を持ったものの表面でやってしまうと、とたんに批判されちゃうんですよ。どうしてなんでしょう?」

「でもさ、前川さんは機能を持たない絵や彫刻、いわゆる美術から出発してるのに、どうして椅子やらライトやら、生活道具みたいなもの作るようになったの？」

「接点がね、見つからなかったの」

「接点？」

「そう。この世の中と自分とを繋ぐものです。彫刻作って個展するじゃないですか、するとその個展会場で個展の間だけ僕は彫刻家なんですよ。別に作品が売れるわけじゃないし、終わったら、家に持って帰って置き場に困る。そうして、作品といっしょに、この世の中での自分の立ち位置が見えなくなってしまう。どちらも必要とされていないものじゃないかって」

「それは辛いよね」

「でね、考えてみたら僕は子どもの時から手を使うのが好きで、何でも作ってた。ただ作るのが好きでいたら、たいした考えもなく、大学で美術教育を受けて、辛い目に遭ってしまった。彫刻も作ってる間は楽しんだけどね。どうせ作るなら身の回りのものでもいっしょじゃないかって、椅子を始めたんだ」

「それでちょっとは接点を見つけられたわけね。ところで、椅子とかの背に数字が書いてあるじゃない。それも37とか半端なの。あれ何？」

「数字って連続してるじゃないですか。きっと、37の後にも先にも続いているものがあった。でもね、今はもうないの。その欠けてるって言うのかな、そんな感覚に惹かれてるんだ」

「なるほどね、折れた羽根のような彫刻、朽ちた板、ペンキの剝げた感じとか、同じセンスだよね」

時間は地層のように積み重なっている。ただ表面を見ているだけでは時間を感じることはできない。積み重なったものを傷つけ、剝がし、欠けさせた時、そこに時間が露出してくる。崩れていくものに時間を感じるようになるのだ。

「僕は、前川さんの仕事、時間性みたいなのがテーマだと思うんだ。古びをモティーフにして作品に流動性を与え、時間を表現しようとしている。でも、わざわざそういうものを新しく作り出していくというのは、どんな意味があるんだろ」

「うーん？　此処にはね、ほんとうに古いものもたくさんあるでしょ。その中に僕が新たに作ったものも紛れ込んでいる」

「まるでコラージュみたいにね」

「そう、そんな状態が面白いって思うんだ」

ほんとうに古いものの中に、人工的な古いものを紛れ込ませる。積み重ねられていく時間の中に、物語としての時間を、コラージュしていく。すると時間が重層的に響き合うような空間が立ち現れてくる。そんな実験場がまさにこの家じゃないか。

いわゆる本物の時間（過去から未来に一直線に流れているかのように思いこんでいる）と、物語として紡ぎ出された空想的時間の間には、差異など無く、本物の（と、勝手に思いこんでいる）時間さえも、実は僕たちの紡ぎ出した物語にすぎないのではないかと思いたくなる。

実際に前川さんの椅子が似合うのは、古民家的な重厚な空間ではなく、都市的な、例えばマンションの一室なのだ。無機的なコンクリートに切り取られ、輪郭のはっきりとした、そして色彩もどこまでも単純化された（たいてい白い）、蛍光灯のともった空間なんじゃないか。

そういえば現代は押しとどめようもない時間を堰き止めようと躍起になっている時代。すべてのものは、時間とともに変化する。そんなあたりまえが許されないのだ。住宅も生活道具もその素材は移ろいやすい天然素材が捨てられ、無機質なコンクリートや石油化学製品になり、生の食べ物でさえも腐ることを禁じられ、あらゆる方法で長期保存され、人体の老化という変化もあらゆる手だてを尽くしてくい止めようとする。

そんな空間と時間の中に暮らす人にとって必要なのは、この重苦しさに傷をつけて、時間の停止した完璧なるものを少し欠けさせてくれる、人工的現世界の消失点ではないか。それはけっしてこの世界に対峙するような重さもない、強さもない、存在にどこか希薄さがある、ジャンクで、戦略的に弱いものがふさわしい。時間の停止した空間に、ぽんと一つ、前川さんの作品を置いてみる。とたんに新しい物語としての時間が始まるのだ。

この取材の直後から、堰を切ったように前川さんから彫刻（つまり機能のないもの）の仕事が溢れ出した。そして展覧会を開くたびにすべての作品が売れてしまう。前川さんは、いつのまにか彫刻家としてこの世界に接点を持っていたのだ。彼の中にどのような時間が流れ始めたのだろう。

ある染物屋の日常

望月通陽
染色家、造形作家

父親は、彫物をする職人だった。高校の工芸科を出て、就職しようと地元静岡で見つけたのがたまたま染め物屋。模様を切り抜いた型紙を白い布に被せ、糊をおいてから染める型染。糊の着いた部分だけ、色が染まらず白く残る。余白が、やがて立ち上がり、歩き始め、膨らんで、形を持った。作者を知るずっと前から、僕の暮らしに寄り添うように望月さんの染めた布や版画が、わが家の壁に飾ってあった。ＣＤや本の装丁に描かれたものたちと親しくしていた。そしてある日、ふと望月さん本人と出会い、あたりまえのように盃を交え、筆を交わしはじめた。

能登の幸、忝《かたじけな》し、次は呉々も御気遣いされませぬ様。

それにつけても流石、日本海、いずれも潮の流れる如く活々とおいしい魚達でした。

今月末御待ち致します。極く日常的な染物屋風景を御覧下さい。

尚、二十四日夜は静岡にて、つのだ波多野両氏のコンサート当日なのでした。日程かみ合えば一層の楽しさかとは思いますが、仕事第一。

皆様のご都合に、当方合わせる所存です。

近々小田原あたりで一献、となるやも知れませんが、御躰呉々も大切に。

ひとことお礼まで。

望月通陽《みちあき》拝

赤木明登様

静岡は不思議な土地です。ふだん僕は、土地勘が鋭くて、道に迷うことなど無いのですが、静岡だけはどういう訳か方角が解らない。日本海側に住む人間にとっては、海が南側にあって、傾斜が逆向きになっていることもありますが、この土地には川がないような気がするのです。街を歩いていても水の流れが見えない、ずっと川の辺に住む身にとって、それが違和感なのかもしれません。でも、イヤなわけでも、嫌いなわけでもありません。ただ、不思議なのです。

さて、ほんの数日留守にした我が家は、紅葉の谷間に沈んでいました。音ちゃんは学校の帰り道、シバグリやらムカゴやらせっせと集めて、冬眠前の小動物のようです。そういえば静岡で酒のつまみものにいただいたムカゴも大変美味でした。あれから数日がたって、時差ぼけが治った様に、僕の中に水の流れが戻ってきました。

望月さんのお宅にお邪魔したのはこれで三度目になりました。つい前の週、小田原に開店したばかりのお蕎麦屋さんで呑んだばかりなのに、望月さんの顔を見るとついつい呑みたくなってしまうのはなぜでしょうか。またしても深酒してしまいました。

また、小田原で拝見した蕎麦猪口が素敵で、酔った勢いで無心して、今回とうとうお土産にいただい

てしまいました。内田鋼一さんのひいた器に、望月さんの描いた文字がよく似合っていますね。漢詩の意味は、僕にはよく解らないけれど、どうして文字だけでこんなに美しいのでしょうか。帰ってすぐに、いただいた猪口にも酒を飲ませてやりました。

今回の取材では、お仕事の手をすっかり止めさせてしまい、大変な迷惑をかけてしまいました。申し訳なくも、只々感謝するのみです。これから寒さが厳しくなってきます。くれぐれも風邪などひかぬよう、ご自愛ください。また一杯やれる日を楽しみにしています。

最後になりましたが、克都葉《かつよ》さんとお嬢さんにも迷惑をかけてしまいました。心づくしのおでん、ほんとうにおいしかった。静岡がおでんの国だなんて知らなかった。どうぞよろしくお伝えください。

赤木明登拝

望月通陽様

御手紙有難う。冬眠前の音ちゃんの様子、ほほえましく拝読。この秋伺った折、遠くの草の穂波を浮き沈みする赤いものが、道々栗をひろう音ちゃんのランドセルだったことを思い出しました。

さて、先日は御疲れ様でした。何しろ創作を志してより、お気に入りのもので場を飾ることを自らいましめて参りました故、御覧下さった通り、仕事場がすなわち暮らしの場、何の色気もなく、はたして取材の御役にたてたのか、どうか。

ただ救われたのはカマスの干物を召し上がって頂けたこと。カメラの小泉さんなど撮影中はずっと無表情だったのに、カマスの塩加減だけにはにっこり反応して下さいました。染め物もカマスもみんなの笑顔も、青空の下にとってもまぶしくて、この時ばかりは他愛もなく酔いくずれましたね。

それから内田鋼一さんの器に彫った古詩の訳ですが、「この白糸は上物で、織れば綺麗になるのです。機織る労はいといませんが、花の模様が多くて大変です」

つまり、機織りのつらさに掛けて、愛する人の浮気心を心配する娘心なのです。

そんな詩の器で、酒はどんな味に変わるのか、生憎無粋でわかりませんが、赤木さん、如何なものでしょう。

　とにかくよろこびは、これでもかと仕事をして、ほどほどに酒を酌むこと。罰当たりな愚生にゆるされるしあわせはこのふたつのみ。敢えてあとひとつ、と所望するのは、目の前に共に笑ってくれる人のいてくれること。その相手として、同様に罰当たりの素質充分の赤木さんの額に、白羽の矢を立てます。

　時は去り、器の酒は減りますが、なに、酒は注げば満ちます。そしたら時すら何度もめぐります。いずれかでまた共に傾きたく。

　御家族によろしく。

望月通陽拝

赤木明登様

輪島の朝市では、ししっぽの姿をよく見かけるようになりました。ししっぽは鉄仮面のような顔をした赤い魚で、これからが旬、静岡の人には「かながしら」で通じますでしょうか。こいつが小さいながらなかなかのもので、磯で小エビのみを餌にしているとか、ワタを抜かずにそのまま塩焼きにします。滋味のある白身を頂いたあと、残を茶碗に移し、湯をかけ、角張った頭をグズグズにし、醤油をひとたらし、ほどよく旨味の滲み出た汁を啜るのです。いやあ、これが旨いッ！

　前置きが長くなってしまいました。そのうちお送りしますね、能登のししっぽ。

　さて、お手紙とともに、僕のお椀につける漆絵の原画拝受いたしました。休む鹿の植物のような静けさが気に入ってます。僕の塗ったお椀に望月さんの描く絵をつけるなどと、大それたお願いをしたのも、望月さんの産み出すものの、深淵のしじまに佇むような雰囲気に魅せられてのこと。望月さんのご厚情にひたすら感謝するのみです。また逆に、先日来の望月さんよりのご提案、心より嬉しく思いました。これより始まろうとしている新しい仕事に、もはや浮き立っています。

　古詩の意味をウチの智子に伝えましたところ、「あなた今日から毎日この器でお酒を飲みなさい」と、瞳の奥をキラリとさせて、言い放たれてしまい

植物と動物と人物、大人と子ども、前世と今生、愛と悲しみ、すべてのものが望月さんの世界では境界を失う。葉先にとどまった一滴の朝露のような造形に、あまりに繊細で流動的でつかみどころのない何かが現れてくる。

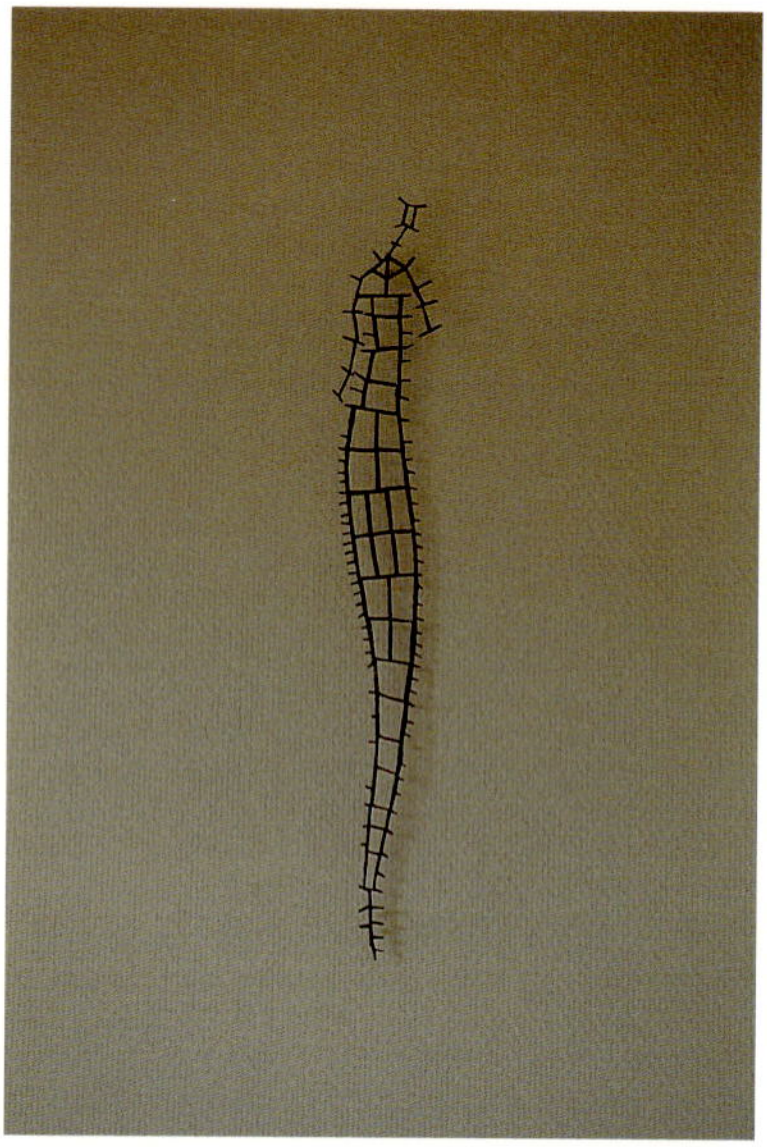

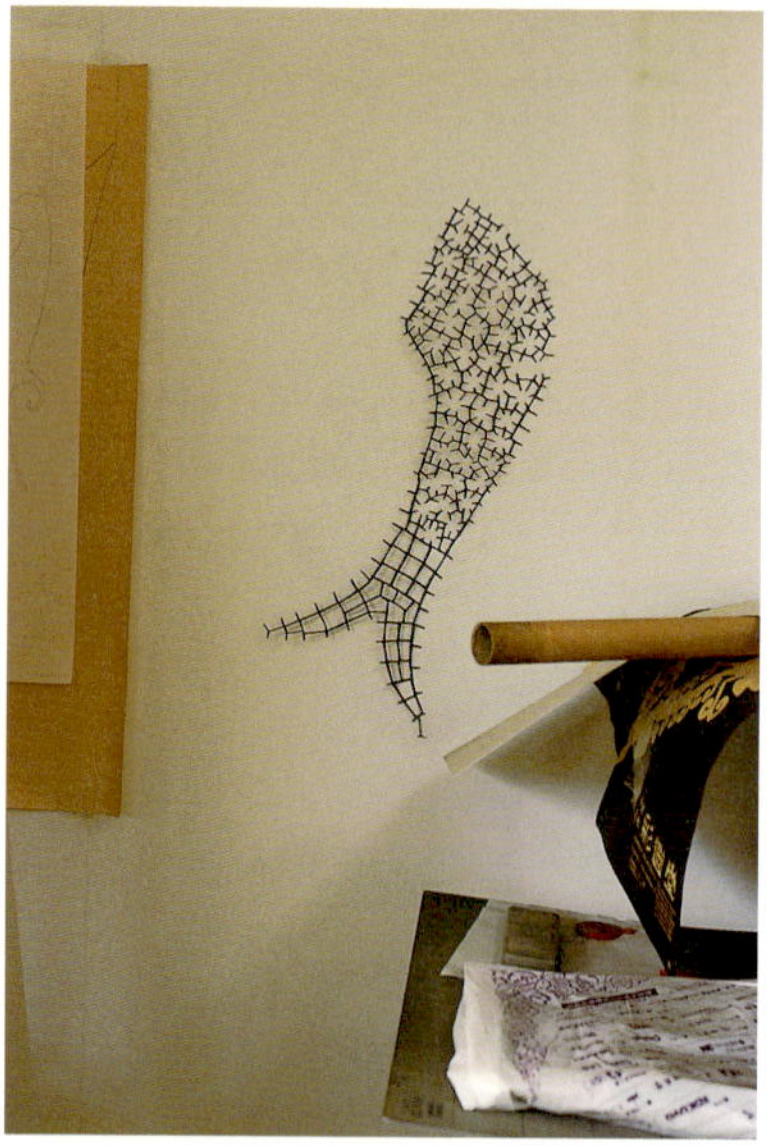

ました。これは、望月さんに倣い、身をつつましくして、戒めなさいということでしょうか。イヤハヤ、僕もよい先生を持ったものです。

僕も愚か者故、敢えてここで師と呼ばせて頂くならば、師匠の体軀に隠された傷、少なからぬものとうすうす想像いたしますが、着物の裾を少しも乱さぬその立ち姿に私淑するばかりです。

にしても気になるのは師匠の浮気、いやいけません、色気の多さでしょうか。漆という本妻一本槍の僕としては、版画、リトグラフ、硝子絵、木彫、ブロンズ、陶器、そしてとうとう漆にまで、二股三股と手にかける益荒男に畏敬の念すら抱いております。

などと戯れ言を楽しんでおりましたら、珍しく智子が気の利いたことを申すもので、お伝えしておきます。

「望月さんは、いろんな素材で、いろんな表現をしているけれど、いつもずっと望月さんをやってるよ。すごいなぁ」と。創造の極意は、己と向き合う力に有りと得心いたしました。

図案のお礼のつもりが、長々となってしまいました。どうかご容赦下さい。

音ちゃんも「もじゃもじゃのオジサンによろしく」とのことです。

望月通陽様

赤木明登拝

五十にして天命を知る前に、筆を使えないことの惨めさを知り、お習字に通いはじめました。今も帰ったところで、昼から暗くなるまでかかったのは、何しろ先生が酒乱気味で、酒を強要するからです。

先便で御からかい下さった通り、いろんな仕事に手を出してしまって、錯乱していますが、およそ手を動かし、心をそよがせる仕事の基礎には習字が一番なのでは、と自分ながらに思い至った次第。極論すれば筆ごころさえ会得すれば大抵の仕事の核心はつかめるのでは。もっと言えば筆さばきは盃さばきにも通じて、つまりは人情の機微にも通じて、と、これは少々虫がよすぎますか。

で、輪島で明治期の椀を求めたのですが、ここに施された沈金の鳥も、松も、案の定、筆勢が見事に彫られて驚嘆します。御存知の通り、愚生も沈金刀をあつらえて、ヨチヨチ修行をはじめたのですが、何しろ赤木さんの塗りの上に彫ろうてんですから、これはなまなかの線は彫れません。静まりかえった湖面に、敢えて破れ舟を差し浮かべる蛮勇を考えてもみて下さい。静かさの上に尚静かさを演出するのなら、漆の面に、流れる雲でも映せば良いのです。それはわかっているけれど、それでも、自分の絵をのせて、このてのひらにいつくしみたくてなりません。一千万人の赤木さんファンからの石つぶては覚悟の上、それでもやっぱり赤木さんの静謐に小舟を浮かべる愚を犯すのだ。

それと赤木さんには耳が痛いと思うけど、この時代の無地礼讃調に少々イラ立ってしまって。小皿にさえ羅漢を染め付けずにはいられなかった、あの愛すべき手技、心の有り様がなつかしい。

おっと、こいつはペンの走り過ぎ。ちょいと出掛けて盃でもなめますか。

ところでトコちゃんの御言葉はつくづくも有難く、うれしいものでした。ほめて頂けたようで恥ずかしい。けれど、もうそろそろ、いつもずっと望月さんでしかない自分に、限界なるものを感じてきました。赤木さんがおっしゃる通り、創造の極意は己と向き合う力。そしてやがては背いてみせる力にこそ、あるのかもしれません。

望月通陽拝

赤木明登様

十三夜は、木立がブルーのジェリーの底に沈んでいるよう。望月は、満月。通陽は、太陽の通り道。太陽と月が重なって食となる、意味深な美しい名前ですね。さて、「望月さんに触発されて、お習字を始めました」という弟子が一名、ウチの工房にいます。以前輪島の居酒屋でご一緒させて頂いて、酔った望月さんにサインをせがみ、Tシャツに054・255・××××と、望月家の電話番号を大書きされて、泣いて喜んでいたあの輩です。彼が申すには、「お習字を始めて、自分の字が嫌いなことに気がついた」と。もちろん字にはその人が出てきます

から、それは自分が嫌いだということなのでしょう。

僕が望月さんの話をすると、彼が問いかけるのです。「自分に向き合うというのは、自分のことを好きになれということなのですか」「それとも自分を変えろということなのですか」と。僕は、その答えを知っていますが、敢えて口にはしませんでした。

僕は、人が何かを作り出すときの苦しみが好きです。迷っている姿がいいなと思います。美しいものを作りたいなと思いますが、美しいものは、ただ美しいだけのものではありませんよね。

書にしろ、文章にしろ、器にしろ、彫刻にしろ、人間が手にかけるものはすべからく、その人の持っている醜さや嫌らしさまでもが現れてきます。ただそれだけで終わるなら、それはとるに足らないつまらないものですし、やっていることは排泄行為と同じです。この世で、美術だ工芸だと言って作られているものの多くが同じよう。

もちろんのこと、それは僕自身の自戒を込めて言うのです。

望月さんは、夜中に動悸がして目が覚めることがありませんか。不安で、恐くて仕方がないことがありませんか。僕は、僕自身が恐い。欲深く、過剰な生命力のようなものを抱え込んでしまって、人ものも、愛しすぎてしまう。もうどうしようもない僕がいるんです。

僕が望月さんに触って、近しいものを感じるのは、望月さんの深いところで凶暴な情熱、野生の生命、非合理な精神、そして祈りを感じるからなのかもしれない。

しかしそれらは隠されている。いや隠されているのではなくて、月の向こう側で燦然と輝いている。太陽を背負いながらも、月はどこまでも静かに佇んでいる。

またしても今宵は、遅い月見の酒が少々過ぎたようです。

赤木明登拝

望月通陽様

晴れわたった晩秋のある日。親しい音楽家、つのだたかしさんと波多野睦美さんがやって来た。

染め物とともに、活きのいいカマスを干してからまず一献。染めの工房は、友人の中村好文さんの設計。

その店では巨大な皿いっぱいの魚のすり身が一人前で、客はおのおのあぐらをかいて、目の前の湯が煮えたぎる鍋にひと匙ずつ、落としては、浮いたところをたべ、とこうした具合。で、酒も来たとこだし、そろそろはじめるか、というその時に雷鳴一発、目が覚めました。

今、夜中の一時半。夜中に動悸や不安で目が覚める人には聞かせられない話です。それにしても雷公め、一口でもたべさせてから鳴りやがれ。

そんな訳でモゾモゾ起き出して、茶などをのみ、今布団に腹ばいになって、この手紙を書き出しました。かつては未明まで仕事して、夜明けにはもう始めたものですが、今はねむることも仕事のうち。したがって起きている間の集中が命です。(だから電話が大嫌い。)

さて、昨日は読書半日。それから絵を三点。どれも素敵でウットリしてしまった。赤木さんの御手紙の揚げ足を取るようでわるいけれど、自分の醜さや嫌らしさが現れるほどの絵はまだかけない。いや、充分に醜くて嫌らしい、って言われたらそれまでだけど、自分ではまだ絵筆も彫刻刀も、それをあばく所まで、こわくて、力もないから、降りてゆけないのです。

ただのクセ、とか、コノミ、程度なら、それに終始していますが。

仮にもしかけたとしたら、ウットリどころか、背筋が寒くなる。それでも虚心の果てにかけたとしても、まさかそれを芸術だなんて勘ちがいしてしまったら、それこそ赤木さんの仰有る通り、つまらない。あとはそこから、大袈裟に言えばようやくつかんだ醜さ、嫌らしさを普遍に近付けたなら、その時こそ、仕事が自分を一人前にしてくれた、と言えるのでしょうね。あとはそこから、なんて簡単に書いてしまったけれど、それこそが一生をかけても足りない大仕事。そんな仕事を為し遂げた人を思い浮かべると、まずゴヤの顔がまざまざと表れてしまって、ウヘエ……となりますが。

小生ごときの鼻たれは、何もかもが上っ面で、仕事も心地よさだけを求め、求められ。その上、楽しまなければいい仕事出来ない、なんて短絡的で虚弱児向けの流行語にそそのかされて、つい、四股も踏まずに土俵に上がっちゃったり。土俵の上はオソロシイ場所でした。

やれやれ、こんな青臭い告白めいたことを書かせたのは、偏《ひとえ》に赤木さんの、その修行僧のごとき清廉な面影のせい。いい役回りだなあ。

そこへ行くとさしずめ小生など、物陰から修道女のふくらはぎをジッと見詰めるニセ信者、という役どころ。そのあと聖具室で口説いたりして……。

ウーム、どうやら文章では充分醜さと嫌らしさをつかめているではないか。次は小説家を目指すか。

ご期待あれ。

赤木明登様

望月通陽拝

いけないことをやらかして、反省している姿を人は傍目に見て清廉などと呼ぶものです。

立冬の嵐に舞う落ち葉とともに、くるくる回りながら岐阜に行って来ました。二日ほど家を空けただけなのに、景色は一変、冬木立。ちょうど底引きも解禁になって、本格的に魚の旨い季節です。この手紙を書き終えたら、朝市にでも行って蟹のいいのを一はい買ってこようかな。

いやあ先の手紙では、独酌に酔った勢いで青臭い意見を吐いては、望月さんの風流を邪魔してしまった。でも、ちょっと訳があって、望月さんからのもう一つのご提案である、お仕事を始める前に、ちょいと球みたいなのを投げてみたかったのです。

年を越したら、しばらく奈良で遊んでこようかと思っています。気になる古寺を見て回って、例のお厨子の構想でも練ろうかな。

「赤木さん、ようやく祈りの対象になるような彫刻ができるかなと思って……、そいつを入れる小さな厨子を作ってもらえませんか」とたのまれて。「はい」とすぐに返事したものの、なかなか始められなくって。僕もまだまだ修行中の身ですので……。

そうだ奈良で、一杯やりませんか。

望月通陽様

赤木明登拝

米沢亜衣
料理家

おいしさのひみつ

とても暑い夏の日に、食いしん坊の友人・高橋みどりさんが、「彼女、若いのにすごくセンスのいい料理をする人なの」と、能登に連れて遊びにやって来た。いっしょに海に潜ったり、旬のアワビやサザエを堪能したり。それから秋になって、東京の世田谷にあるご自宅で食事に誘われて、最初にいただいた前菜が、亀戸大根一本。ポンと白い皿の上にのっかっていた。それもそのまま、丸かじりにせよということで、いただくとほんのり柚子の香。そこから始まった、僕の米沢料理体験。生命の本質に触れようとするかのようなキッチンの魔術。

出会ったことのない何かに出会う

「子どものころから食べるのが好きだった」「誰でも好きなのでは？」「ふつうの何倍も好きだった」「甘いものとか？」「甘いものを食べるようになったのは最近。間食もしません。母の作る料理が、おいしくって、ただ食べたかった。中学生くらいから自分でも作るようになりました」「それは幸せなことだよ」「世界には、食べられない人たちがたくさんいても、私はそうじゃなかった。栄養を摂って生き長らえるためじゃなくて、おいしさを楽しむために食べてた。私には、それしかできないから」

「お料理は、お母さんから？」「学生の時には、有元葉子先生のお料理教室に通っていました」「どうだったの？」「先生から背筋伸ばして生きていくこと、そして、そのためにすべきことは何なのかを学びました」

「イタリアへは？」「和食を食べるのが好きで、料理も和食をと思っていたのですが、その前にちょっと」

「浮気ですか？」「旅行に行って、はまってしまい、イタリアで暮らしたり、日本に戻ったりして十年たちました」

自分の気配を消してみる

「これは僕の勝手な想像なんだけど。好きなブルゴーニュのワインがあって、最初の印象は、実にさっぱりとそっけない。修道女のイメージで、清く気高くとりつく島もない。いったいどこがおいしいの？　と。それでも、よくある色っぽいワインを浴びるほど飲みつづけていくと、やがて品のよい修道女にどこか惹かれるようになっていく。おそるおそる手を出すと、聖衣の下に、なにやら淫らな感情が……。そこには、恐ろしく豊かなものが、隠されているんだ。素材感たっぷりの野菜料理と白い皿。ミニマムなインテリア。清明で背筋の伸びた不思議な料理人。はたしてその実体は、あのワインのような……。そんな感じなんだけど、今日いただいたお料理ね。亜衣ちゃん本人のことは、それ以上は知りませんけど。でもね、お皿の上には料理人の人格がでるという説に従えば、きっと……、同じじゃないかなぁ」

「なにやら気恥ずかしい。飲み過ぎていませんか？　赤木さん」

「いつも飲み過ぎています。野菜という素材の表面的な素っ気なさから、秘められた豊饒をこんなにもひきだせるのは、そうとう野心的だからできるんだと思う。そこがとてもいいよね」

何も考えないで何かに向かっていく

「能登から、いま手に入る食材を三つ持ってきました。ウチの畑の大根。秋からほったらかしにしてるので、凍《し》みているけれど、甘いよ。それと殻付のカキ貝とナマコ。これで何が作れるだろう？」「カキとナマコは、私はふだん使わない材料です」「なるほど、皮付大根の輪切りを菜種油に溺れさせて、きざみ菜とカキを投入、味は酒と醤油ですか」「一つの料理の中に、素材を余すところなく丸ごと入れるのが好きなんです」「ナマコは、茶ぶりにして、酢のもの。えっ、キンカンを合わせる？」「はい」「たしかに、磯の香りに、そよ風のような。思いがけない取り合わせだけど、どうしてこれが合うってわかるの？　経験？　勘？　本能だね、野生の」

「じっくり考えて、お料理するのもいい。でも、発作的に与えられたもので作ってしまうのも好き。どちらも大切で、うまくいくと興奮するんです、私」「そんなことができるのは、亜衣ちゃんが独特のセンスを持っているから？　あっ、そうだ、あなたひょっとして修道女、いや巫女なんじゃないですか。向こう側の世界へいって、魅惑的な混沌をひきだしてくる」「やっぱり、飲み過ぎてますよ、赤木さん」

衝撃と興奮

生命は、一つの袋のようなものだと、前にも書いたことがある。生きているものは、すべて皮膚という、薄い膜で内部と外部を隔てられている。そして、生きている限り、生命は、皮膚の外側には出ることができない。

刃物を当て、スウーッと皮膚の表面を傷つけてみる。やがて内部から体液が滲み出て、滴り落ちる。その液体に、そっと開いた口唇を近付けて、舌で一舐めする。

料理をすること、そしてそれを味わうということは、そういうことだ。料理は「殺す」ということとほぼ同義の言葉。味覚は、殺されたものの内部に触れるということなのだ。その厳粛な事実を、覆い隠し、洗練させると食文化が生まれる。

口腔も鼻腔も、湿った皮膚に覆われた最も敏感な触覚器だ。すなわち、味覚も嗅覚も、僕たちが皮膚の表面に感じている触覚の一部なのだ。

ある個体の内部を、自分の最も敏感な皮膚に触れさせるために、僕たちは、刃物を手にし、素材の皮膚を破り、解体し、さらに熱を加えて分解する。

同時に、素材の生命は潰えて、その形を失い、混沌に沈んでいく。その断末魔の美しさを僕たちの舌が楽しむことになる。

さて、その事実を確認したとき、僕があらためて思いだしたのが「侘び」なのだ。ものの形が壊れ、消えていく様をいとおしむような美学、「侘び」の見すえているのは、形が輪郭線を失い、崩れ去った先の世界ではなかったか。これは、素材の生命を奪い取り、形あるものを解体し、それを味わうという行為と相似をなしているのがわかる。

食べものをいただき、茶を喫するということを、最も洗練させたのが茶の湯だとしたら、その美学の中心に、人がものを食べるということの本質が、ちゃんと隠されているのだ。

長々と、そんな想像を僕が膨らませているのは、ひとえに亜衣ちゃんの料理のせいだ。

様々な素材から露出した内部は、それぞれの特徴的な肌触りを持っていることを舌や鼻の粘膜が記憶している。だから、目を閉じて何かを口に入れても、僕たちはその素材がもともと何であったのかを知ることができるのだろう。

僕たちの皮膚は、そこに触れた何かを感じ取ろうとするとき、それを単純化させてしまう傾向がある。それで、感じる対象を、最もわかりやすいイメージで捉えてしまうのだ。

それは、素材を解体させて、その内部を露わにすることができても、感じる側の僕たちには、いつまでも皮膚という膜が残っていて、それを超えることは不可能だからだ。敏感な舌で、たべものを包み込んでみても、どうしても溶け出した素材の内部は深いヴェールに包まれたままのようで、その分鈍感になるしかない。

イチゴなら、イチゴの触覚の、いや味覚の、一つのイメージがあるけれど、それはイチゴの内容物の一側面でしかない。おそらくイチゴという素材は、ものすごく多様な情報を本来持っているはずで、その中で一番強い信号を、僕たちの舌はイチゴのイメージに固定しているにすぎない。

亜衣ちゃんの料理したイチゴを口にした瞬間、ある種の衝撃が走ったのは、僕の中で固定化しているイチゴのイメージを、彼女のイチゴが、見事に粉砕してくれるからだろう。

ある意味固定化した素材の味を、十全に引き出し、安定した形で提供し続けるのがプロの料理人だとしたら、米沢亜衣は、少し違っている。彼女は、まるで魔術のような仕方で、その安定を打ち砕いていく。サプライズを生み出す方法を具体的に問えば、それは、包丁の使い方であったり、火入れのタイミングであったり、他の素材との取り合わせであったりと、いくらでも答えは返ってくるけれど、それらの技術的な要素で、この料理の魔術をとくことはできない。

彼女が、市場に買い物に行くのは、料理を作るためではないらしい。どんな料理を作るか先に考えて、その材料を買いに行くのが、どちらかというと普通だろう。亜衣ちゃんの場合は、素材に出会うために市場へ出かける。何かのきっかけで、気に入ったのが見つかると、それを何度でも買いつづけ、料理しつづけ、食べつづける。きっと何にも考えてはいない。繰り返しの中で、心と、皮膚を透明にし、貪欲に舌を絡ませて、その素材の持っているものすべてを感じようとしているのではないか。

ある素材の、いままで知らない一面に出会うと、亜衣ちゃんは興奮すると言う。その感動が、お皿の上にのせられる。食べる人は、未知の多様性を感じることで、素材の生命と出会うことができるはずだ。内側の多様性、いや混沌こそが、生命そのもの。そして、皮膚を透して、他者の生命と出会うことが、生きてるってことだから。それ故に、口に含んだ瞬間、イチゴでさえもが、どこか官能的でもあるのだ。

そして、見たこともないような新しいものが、立ち現れる瞬間、それがけっして荒ぶった下品なものではないのが、心地よい。

野菜が好きだという亜衣ちゃんに、その理由をたずねた。「血の通っていない感じ、水からできているようなものが好き」と答えたが、それは彼女の皮膚の透明さをそのまま形容しているようだった。

辻 和美
ガラス作家、美術家

たゆたふ

器を作る作業は、つねに素材と向き合うこと。素材と出会い、交わり、その関係性の中で何かを生み出していく。その過程の中で、僕たちは物質を超えた、人格のようなものを、さらには神格のようなものさえ、素材に感じたりもする。素材が生まれる場所は、天然という未知の領域。素材を通してその懐に入り込むことによって、自らの内部にも、謎に満ちた自然が海のように広がっていることを知ることになる。入り口はガラスであっても、漆であっても、または金沢であっても、輪島であっても、辿り着くあの場所はいつも同じところ。

あしもとに安心と恐れが横たわっている

世界がいちばん静かなのは、夜が明ける前の一瞬だ。そんな時間を楽しむために、そっとベッドを抜け出して、明かりもつけずに窓辺に座る。春のはじめ、世界はまだ霧の中。遠くの山は輪郭しか見えないけれど、芽吹きは確かに始まっていて、淡い光の中に微かな緑色を感じる。

「人は、いつだって怖がっている、ほんとうは」

おだやかで落ち着いた日常はここちよい。けれどそれは、見えないところにあるあやういバランスの上にある。気がつかないふりをしているけれど、少しずつこわれながら、いつか、必ずこぼれ落ちてしまう気がするのだ。いま、手の中にあるグラスは、ゆらぎはじめた暮らしの平安をほんの少しのあいだつなぎ止めてくれるもの。キッチンにいつものように並んだ器は、気持のどこかを安心させてくれる。思い思いの服をまとったような器の模様は着替えることができて、一日ごとの気分を新たにしてくれる。

グラスにおいしい水を一杯注ぐ。ほんの少し口に含むと、からだの中に水が流れはじめる。光の中に夜の不安が消えていく。

ほんの少しのあいだ、ここにいて欲しい

雨の日曜日、朝からずっと窓の外を見ている。屋根に降った雨が、軒先からいくつもいくつも雫になって落ちていく。宙を漂うものは、ほんの一瞬にその形をとどめて、黒い土の中に消えていく。ただそれだけのことを、理由もなく愛おしく感じるのはなぜだろう。

「一粒一粒の雨を集めてみたい」

空に向かって、雨に濡れながら両手を広げてみた。水がからだの中を流れはじめる。雨はワタシを通り抜けて、土の中に染み込みはじめる。その瞬間、身体がこの土地と繋がっているのを知った。自分は確かにここに立っているのだ。

「集めた雨を、しばらくここにとどめておこう」

二十一日前の雨がいつの間にか少しになり、そのあと十六日前と三日前の雨が重なって、その上に今日の雨が降る。そして、またいつか降る雨を待つ。流動するものも、器さえあれば、しばしそこにとどまることができるのだ。ひょっとしたら、人生はボトルの中に集まった雨の雫のようなものかもしれないね。

自分の中にある深い海に漕ぎ出す

音楽をする人に聞いたことがある、「あなたのしていることはなんですか」。答えは、「自分の内側にある想いを形にして、外に出すこと」。すると、彼の身体から美しい音が響きはじめた。

蕎麦を打つ人に聞いたことがある、「あなたのしていることはなんですか」。答えは、「自分の内側にある想いを形にして、外に出すこと」。すると、彼は唸るほどに旨い蕎麦を打って食べさせてくれた。

美術をする人に聞いたことがある、「あなたのしていることはなんですか」。彼女は、何も答えずに、何かを作り続けた。

ヒトの内部に確かにあるもの。積み重なった記憶、言葉にできない経験、晴れることのない想い、切り離されているのにどこかと繋がっている回路。その姿を、全体を、誰も、本人すらも、見ることはできないけれど、その自分の中の漠々とした森のような海のような中にゆっくりと浮かび上がって漂う小さなものがある。やがて形が生まれ内側から外側に向かって流れはじめる。

自分の内側にある見えないものを、見えるようにすること。それがものを作るということだ。

水天彷彿

みつからない言葉がある。辻和美のやっていること。これからやろうとしていること。確かに、何かがもう始まっている。だけど、それを言い表すちょうどいい言葉が未だない。

大学で美術教育を受けた人は、たいてい同じような話をする。「美術は、苦しい」って。前著やこの本にすでに登場した安藤雅信さん、前川秀樹さん、そして今回の辻ちゃんはアメリカの大学で。彼の地でも学んだのは、自分と向き合うこと、自分を探ること、そしてそれを表現すること。その背後にあるのは、確固たる自己というのがもともと存在しているはずという確信だ。何にも換えられない自分というものが核にあって、他者や社会と係わっていくという西洋的な考え方。今、確信と書いたけど、僕にとってはそんなのは壮大な幻想だ。僕には僕と呼べるような自分がありません。うん、なんだかわからないな。僕には、もともとそこにあって、ずっと持続していて、他の何とも置き換えることができないような自分というのがないような気がするのだ。

金沢で辻ちゃんに会う。視線を交わし、言葉を交えた瞬間に僕は生まれる。同じようにして辻ちゃんも生まれる。その時生まれたばかりの僕は、辻ちゃんとの間にしかいない僕で、以前に前川さんに会ったときの僕とどこか似ているけれど、同じ僕ではない。そういうふうに同一性がないので、言っていることも、感じていることも、考えていることも、前川さんとの間で生まれた僕とは違っている。これはひょっとしたらけ

っこう不便なことかもしれない。でも、そうなんだから仕方ないでしょう。その方が僕は楽チンだし。信用はもともとないので、失うことはないし。そんな、いい加減なボクやワタシを何て呼べばいいのだろう。

もうひとつ。みつからない言葉がある。

かつて、「人がものを作ること」はひとつのことだった。自然の素材を加工して、暮らしに都合のよい道具を作り出した。ほぼ同時に、人間は道具としての機能を持たない神聖なものを作り出した。美しさは神の存在の証であり、神に認められた権力の象徴だった。宗教の時代が終わって、それは、美術になった。やがて機械生産による工業が始まった。明治時代に、日本にも美術と工業が輸入され、「人がものを作ること」から離床していった。国家が近代化するために、美術と工業が振興され、忘れられたようにあとに残ったものが工芸と呼ばれるようになった。工業と美術の下位に置かれた工芸が、工業に接近してクラフトが生まれ、美術に迎合して美術工芸が生まれた。一方、用途のある手工芸品に美しさを発見したグループが、民芸という名前を発明し、民具をモティーフにしたノスタルジックな工芸品をたくさん作った。

今、辻ちゃんが作っているガラスの器をなんと呼べばいいのだろうか。美術でも工業でもない。クラフトでも美術工芸でもない。もちろん民芸でもない。海と空との境に水平線があるのはなんとなくわかるけれど、彷彿としてまだ見えない。

アメリカの美術をやってきた。でもアメリカ流に信じようとしていた確固たる自己はどこにもいない。器を同時に作り続けてきた。でも、それが何なのかを表すことができない。そんな状況の中で辻ちゃんは、透明なガラスの仕事を始めた。実は、辻ちゃんが透明に行きつくまでにずいぶんと時間がかかっている。以前の彼女の作品は、黒と、黒斑、一目で辻和美と認めることができた。一方で、ガラス素材のまんまの透明に手を出すことにはためらいがあった。「ガラスの素材から出てくる自然な美しさがあって、それにまだ頼りたくない。自分には自分の表現したい何かがあるはずだ」。そう思えてならなかった。

それは漆を塗る僕の仕事も同じだった。黒い何もないただツルリとしたお椀。僕は、その周りをグルグル衛星のように回っていた。素材にまっすぐに向かうのが、恐くて、自信がなくって、近づけなかったのかもしれない。何年も、漆に向かっていても、そうだった。何年か前に、辻ちゃんが僕に問いかけた、「赤木さんは、どうして黒いただのツルンとした器を作んないのか」と。きっとその問いは、彼女自身にも向けられていたのだろう。

でもある日、僕は黒くて何もないお椀を塗り始めた。それが辻ちゃんの透明なガラスとシンクロしている。僕たちの間で、何が変わって、何が始まったのか、未だ言葉にできない。

ただ、辻ちゃんはまっすぐに素材に向かっていったんだと思う。炉の中で千数百度に熱せられ、流動性をたたえたガラスと空っぽになって向き合った瞬間、何かが生まれた。それが冷えて固まって透明なコップになった。

素材と出会って、その瞬間だけポトッと生まれて消える辻和美だ。素材と出会うということは、そして、自己と出会うということは、そういうことだろう。

「いろんな人が作った、透明なガラスのコップが並んでいて、どれが自分のかすぐにはわからなくっても、その中から誰かが、なんだかこれがいいなと思って手に取ったのが、自分のだったらうれしいな」

そう言って辻ちゃんが恥ずかしそうに笑った。ガラスに選ばれた人は、最初から透明だったのだ。

残すもの

甕器と書いて「オンギ」と発音する。韓国でかつて日常的な道具として使われていた陶器類を総称する。桶や樽、椀といった木偏の器が発達した日本と対照的なやきものが中心の文化だった。だが、木の文化同様に、土の文化も、産業化の波に洗われ、今は失われ、消えてゆきつつある。同時に、たとえそれが本来使われていた場所から、遠く離れていたとしても、それを惜しみ、慈しみ、残すという役割を与えられた人が必ず現れる。僕が南アルプスの懐で垣間見た風景は、かつて韓国で営まれていた暮らしの残照なのだろうか。

関 勇
ギャラリー韓

関 貞子
ギャラリー韓

手をあてて甕器の心音を聴く

甕器《オンギ》には人格がある。森の中に忽然と現れた群像。僕が訪ねたその日は、大気が湿潤に揺らいで、すべてが幻のように見えた。近づいて水気を含んだ肌に手を触れると、その一つ一つの塊が生きていて、呼吸している。かつて生きていたものたちが、魔術か何かで蹲《うずくま》ったまま凍りついて、ここに取り残されているかのようにも思われた。

実際、甕器は呼吸するうつわだ。韓国の微細な黄土で焼かれた甕は、うつわの内部と外部を空気が行き来することができる。自然な循環の効果で、キムチやテンジャンやコチジャンは最適に発酵し、水や穀物は長期の保存が可能になる。韓国の伝統的な住居には、庭の裏手や片隅にチャンドックテ（甕台）と呼ばれる場所があり、かつては大小の甕器がいくつも並んでいた。韓国の人たちにとっては、郷愁を感じさせる風景だが、すでに過去のもの。急速な近代化の波に、チャンドックテも何時しかのみ込まれていた。

住み手の「営み」が、住居の血流となる

始まりは、韓国で偶然出会ったたった一つの甕器。日本に持ち帰ってから、その美しさに目覚めてしまう。それから十年をかけての収集で、集まった甕器は二千を超えた。確かに、人の意志によって集められたものだけど、僕には、甕器自らが何らかの意図を持ち、群をなしてここに寄り集まってきたようにも見える。

甲斐地方の山間部にある伝統的な養蚕農家の建物が、いま韓国からやって来た甕器の住処となっている。主は、関勇・貞子ご夫妻。二十年ほど前にここを借りて移り住み、廃屋同然だった古民家の隅々にまで手を入れた。捨てられて、誰にも顧みられることがなかった家が、蘇ったのだ。それまで、古く、暗く、大きいだけと、疎んじられた建物が、使い方、生かし方次第ですこぶる魅力的なものになることを教えてくれる。大切なのは、人が道具とどう付き合っていくのか、その関係性なのだ。

ここに集った甕器をたくさんの人に見てもらいたいと、ギャラリーとして毎月の初め十日間を公開するようになった。現代作家の企画展もする。僕もその一人として参加させていただいている。

用途が器に体温を与える

甕器は、もともと素朴な日常の道具。発酵や保存のための容器であり、食事のための器。炊飯釜や、鍋などの調理具にもなる。

「使うために作られた道具は、どんどん使ってあげなければダメなんです」とばかり、この家の台所には、実用の甕器が溢れている。

ちょうど畑で採れたばかりの瓢《ひさご》型をした大根を漬けた宗家（チョンガー）キムチとナムルを甕器皿に一盛り。甕器の中で、まだ沸々と煮立っているテンジャンチゲ、大盛りに湯気のたゆたう春雨と野菜の炒め物（チャプチェ）、ほっとするチヂミ、マッカリももちろん甕器の中で作られ、甕器の片口から注がれる。二日酔いの翌朝にお願いしていたのは、甕器鉢のスンニュン。ご飯のお焦げを白湯に浸しただけの絶品料理。

黒と茶ばかりの甕器に、現代作家の白いうつわ、色のあるうつわを取り混ぜて使い、互いを引き立たせる。作り手としても、自分の作ったうつわが、美しい甕器の中に埋もれていくことの快感が味わえる瞬間。

展覧会の会期中には、甕器や李朝膳を使った韓国料理の定食を食べることができるので、ぜひお試しを。

生活の残像

失われていくものは、美しい。それは、失われていくから美しいのではない。美しさは、ずっと以前から失われる間際まで確かにあったはずだ。なのに、誰にも顧みられることがなかっただけなのか。いや、そうじゃない。夕日のように、今まさに消えようとしているからこそ、美しさが際だっているのだろうか。美しさについて考え始めると、そんなことでさえ曖昧で、わからなくなってしまう。

失われていくものを惜しみ、残したいと思う人たちがいる。

戦後の日本で生まれて育った夫婦は、父や母の生まれた故郷を訪ねる旅を繰り返していた。韓国の田舎を歩いているとき、いつのころからか古道具屋の店先に道路にはみ出すぐらい無造作に置かれているたくさんの甕を見かけるようになった。気が付くと、垣根の向こうに縁側があって、平屋の奥に二間か三間があって、庭先に必ず五つくらいの甕が並んでいるような普通の家並が消えていた。彼の地でも近代化、都市化、核家族化が進み、生活様式はガラリと変貌した。ともなって、大家族の住む民家のどこの庭にもあったキムチを漬けるための甕器、穀物や味噌を保存するための巨大な甕器が、不要のものになって捨てられていったのだ。小さな家族は、庭のない近代的な高層住宅に暮らすようになり、甕器は、キムチ冷蔵庫という白い箱の形をした電化製品とプラスチックの容器に取って代わられた。それらの新しい道具を、僕はどうしても美しいものとは思えない。でも、それはどうしてなんだろう？

「韓国で無くなっていくなら、せめて私たちが残そう」

今、残しておかなければ、永遠に失われてしまう。二人は、歩き回って甕器を見つけると買い集め、コンテナにまとめては日本へと送った。十数年をかけて、その数は二千点を超えたという。関さんたちが、残そうとしているものは、何なのだろう。

「ここで、甕器を使いこなし、甕器に囲まれて暮らしていると、私たちは韓国人なんだという思いが強まりました。そして何か優しいものに包み込まれているような感じがするのです。これが私たちの原点なんだろうね、そう二人で言い合ったんです」

人の手で作られ、手に使われた生活道具は記憶を持っているのではないかと、僕には思えてならない。甕器を作った職人の指先の動き、仕事の丁寧さと荒っぽさ、無心となった時間、技の工夫、精神の集中、肉体の苦痛、作ることの歓び、生活の苦労、甕器が作られるときにまわりで遊んでいた子どもたちの声、巨大な共同窯の激しい炎、水の流れる音、鳥の声、撫でるように吹き過ぎる風の感触。小競り合い、怒声、笑いさざめき。土の匂いと温度。巨大な甕器を運ぶ人の汗と太陽。そしてどのように商われ、交換されていったのか。やがて、落ち着いた民家の庭先で、営々と過ごした時間。何世代の女たちの顔が来る日も来る日も朝と昼と晩にこの甕器を覗き込み、白い腕を差し込んだのか。甕器の内側から見た様々の表情。

「ここからキムチを出すとき、すごく嬉しいときもあれば、涙を流していることも。そういう思いが甕器の中に全部詰まっているような気がして、一つ一つが愛おしくて仕方ありません」

そのとおりなのだ。確かに、甕器よりキムチ冷蔵庫の方が便利で効率的だけれど、あの精密な電子部品を内蔵した工業製品が、毎日開け閉めする人の表情を記憶しているとはどうしても想像できない。あの機械を作った人の顔がどうしても思い浮かばない。なぜなんだろう？

そんな想像は、単なる感傷と妄想に過ぎないのかもしれない。用を失い、人の暮らしの中で生きられる時間を終えた道具は、消えていくのが自然の成り行きなのではないか。僕は、なぜ関さんたちが、こんなに甕器を残したいのかを繰り返し問いかける。

「簡単便利なものだらけの世の中だからこそ、こういったものを残すべきだと思う。とにかく残そうという思いだった」

「これが人が生活していくことの原点だから。無くしてしまったら二度と復活してこないものだから。新しくは作れない。だから尊いと思えるんじゃないですか。もちろん同じ形のものは新しく作れる。だけどこの肌、これは時間でしょ。時間が培ってきたものは再現できない。だから無くしたら二度と出てこないだろうなと思う」

「私が古いものに執着するのは、自分の両親がいろんな理由で日本にやってくることになって、余儀なく新しい生活を始めたわけじゃないですか。韓国の伝統的な暮らしを私たち自身は体験せずに育ってしまった。だから余計に失ったものに戻りたいという思いが子どものころからあった。でも、黒やこげ茶の甕器だけに囲まれている生活しか知らなかったら、その美しさは見えてこなかったかもしれない。一度外に出たから見えてくるものもあるんじゃないですか」

どんなに時代が変わっても、体制や経済が変わっても、ほんとうは変わらないものがある。いや変わってはいけない、失ってはいけない、捨ててはいけないものがある。それは、普通の人の日々の営みではないか。家電製品、石油化学製品、確かにそれらは便利なものだけれど、甕器を捨てると同時に、僕たちが失ったのは、そんな「営み」としか言いようのない大切な何かだったのではないか。

かつて町屋だった土地が、そのままのサイズでマンションに変わった。その最上階にある「日日・京都」。遠くビルの谷間に大文字山が埋もれて見える。渋谷のはずれ、下町っぽい商店街にある豆腐屋の角を曲がる。えっ？　と驚く小さな青い家に「日日・東京」がある。ヨーロッパと繋がる二つの空間に僕は何度も通っている。冒頭のシュテファンのペンもこの場所で出会ったものの一つ。ドイツと日本の間を往復して、ものともの、人ともの、人と人とを繋いで、新たな結び目を作るのが、ここの主人の仕事だ。

案内人

エルマー・ヴァインマイヤー

ギャラリー日日主人、ホメオパス

からだのなかを、静かに流れる水の音

僕はエルマーに連れられて小さな旅に出た。京都市街の北東、哲学の道を横切って鹿《しし》ヶ谷《たに》へと向かう。急坂を上り詰めると、家並が途切れ、突然迷い込んだ森の中。五分も歩けば、すでに深山幽谷の風。細い山道をさらに進む。右手に深い谷。岩の隙間を白い水が走り抜ける。今し方いた街の喧噪は、はやどちらへ？過ぎた時間と風景の落差にとまどう。巨樹が僕たちを見下ろす。ここは、かつて俊寛《しゅんかん》の陰謀の舞台となった平安にも続く道。京の街の不思議。過去と現代、自然と人工の境膜が希薄なのだ。そんな場所で、僕は自分の内と外の境をなくした。

森の中を確かに歩いている。目を閉じると、いや閉じることがなくても、気がつくと僕は僕のこころの中を彷徨っているのだ。今歩いている場所は僕の内側なのではないか。聞こえてくる水音は、僕の中を流れている。水は、ただ高いところから低いところへと。その流れ出すところを捜して。やがて、たどり着く場所にあるのは小さな滝。靴を脱いで苔を踏み足を浸す。顔と手を洗い、ひとくちの水を口に含む。巌をも砕く飛沫を身体に感じ、天を仰いで、僕たちは水の行方を探り続ける。

時間と自分の隙間に目覚める

「日本のお茶はすばらしい」

ここでエルマーが言うのは、茶道のことではない。ただお茶を飲む、それだけのこと。僕が訪ねるとエルマーが茶を淹れる。エルマーがやってくると僕が茶を淹れる。たった一杯の茶が、人と人を繫ぐ。

茶は、日常に差し込まれた小さな余白。湯の冷めるのを待つ間、茶葉の蒸れるまでの隙間。時間の流れを緩やかにして、待ちわびるものがある。玉のような露を含んで、身体の隅々に拡散する芳香は、天然の賜物、いや自然そのものなのだ。一滴の味わいの深さは、ひとつの森を習うこと。森を彷徨う我がこころの住処を知ること。たった一杯の茶が、こころと身体を繫いでくれるのを知る。

道具を立て、とりあわせる。空間をつくる。茶を淹れるための舞台を用意するのは、確かな職人の手仕事。手仕事を求めてヨーロッパと日本を行き来し、京都と東京の二箇所にギャラリー日日を主宰して、本物のよいものと人生を楽しむ人を繫ぐのがエルマーの仕事のひとつ。よき生活道具はいつも、微かな息づかいを感じさせ、平らかな人の暮らしの匂いがある。

自分では自分を観ることができない

ヨーロッパで、いわゆる西洋医学が始まる以前、病気に罹った人の治療はホメオパシーが担っていた。その伝統は、一種の民間療法として現代まで引き継がれている。発祥の地ドイツで、ホメオパシー治療を行うためには、まず西洋医学の勉強が必要で、その上で国家試験によって治療師として認定される。正統な治療師で、日本に住み、しかも日本語に堪能なのはおそらく唯一エルマーだけではないだろうか。ホメオパシー治療は、患者の自然治癒力を高めて、本来自分の持つ力で治ることを手助けするもの。そのため、患者と時間をかけて話し合いをするのが治療師であるホメオパスの仕事。会話の中から、症状の遠因となっている根本的な問題を探り出す。症状に直接働きかける対症療法ではないので、患者一人ひとりに違う対処がなされる。患者に限らず、人は今の自分がどのような状態なのか、ほんとうの姿がなんなのかを自分で観ることができない。ホメオパスは、独特の精神的な技術で、鏡のようになり、対する人のほんとうの状態を映し出してくれる。まず、それを知ることが、よりよい状態に戻るため、よりよく生きるための出発点となる。

自分の鏡

人が手で作り出すものには、その手を使ってものを作り出す人の内面、心の動き、感情、思考、精神といったすべてのものが現れてくる。

「美しいものとは、その人の内側にある精神がきちんと現れたものです」と、エルマーは僕を正面から見据えて語る。

京都に彼を訪ねる一週間前、僕は岡山で個展があって、木地師の仁城義勝さんの家に滞在した。一晩酒を飲み明かした夜更け、突然に仁城さんがこんなことを言い出す。

「赤木さんの作るものには根拠がない」

使うために作られた器も、根拠がなければ機能だけのただの容器だ。仁城さんにとっての根拠とは、自ら木の命に触れ、生命と連続することで感じられるこの世界との一体感のことだろう。

「器は、根拠を持つことでこの宇宙の一部となり、宇宙そのものにもなり得るのです」

噛みしめるようにそう語る仁城さんが僕には眩しかった。生命との連続も、世界との合一も、大袈裟に聞こえるけれど、仁城さんの内面で確かに起こっていることで、それが確かに器となって目の前に現れているのが僕にはわかる。でも、自分には仁城さんが言うように根拠がないとは思えない。そんな話を京都でエルマーにする。

ああやはり、そうですか、という顔をして「私も、あっ君《くん》の最近の仕事には精神性を感じません」ときっぱり追い打ちをかける。一瞬、僕はエルマーの言葉の意味を見失い、自分の内部に湧き上がる怒りを抑えられなくなる。次に、この人は僕の作ったものをちゃんと見ていないのではないかと、エルマーの否定にかかる。無責任にそんなことを言われれば、作り手としての僕の生命は終わったようなものではないか。怒り、都合の悪い相手への否定、焦燥、抑鬱感、不安、胸騒ぎ、その翌日から僕のこころの中を疾風怒濤の嵐が吹き荒れる。

それから十日後、僕は再びエルマーを東京に訪ねる。その前日、一つの展覧会を見た。刳《く》りものをする新宮州三の展覧会。その会場で僕は打ちのめされる。そこに並んでいるものには、作ることの悦びが満ちあふれているのだ。もうずいぶん前になるけれど、新宮君には僕の漆工房で仕事をしてもらっていた。その後七年間刳りものの修業をして独立、今回が晴の初個展だ。

「赤木さんの所にいた一年間で、僕はほんとうに赤木さんからものを作ることの悦びを教えてもらいました。二人で向き合って、気絶しそうになるぐらい仕事しまくって、赤木さんに一言『どうや気持ええやろ』って言われたことが忘れられません。赤木さん、今はそうじゃないんですか？」

そう問われて、僕は酩酊したまま頷く。僕が漆を触るようになって二十数年、日常の器を作るには数をこなすことが必要だと、無我夢中で走り続けてきた。弟子も、手伝いをしてくれる職人も増え、大きな工房を建てた。そして、現在さらに広大な山林を購入し、新工房として古民家を移築するため奔走している。走れば走るほど、自分が座ってただ「塗る」ことができなくなっていた。いつの間にか、僕はまた輪島に来て漆を始める前の迷いの世界に落ち込んでいたのだ。

夜明け前に、酩酊から醒め、東京のホテルから小田原へと向かう。「和菓子菜の花」店主、髙橋台一さんと会うために。僕は、その時の気持を素直に話し、突然の訪問者に台ちゃんは「わかった、明登ちゃんの抱えているものを引き受けましょう」と阿吽の呼吸。僕は、余計なものはみんな捨てる決意をしたのだ。とりあえず新しい土地と古民家から。

すぐに踵を返して東京でエルマーに会う。もちろん、この取材と撮影のためだ。そこで二人きりになってただ向かい合っている。エルマーは正面を向いたまま何も語らない。

思い起こせば、僕が独立したばかりで、まだ展覧会もできずにいたとき、角偉三郎さんが連れてきたのが彼だった。作り始めたばかりの、全く無名の僕の作品をいきなりドイツ国立美術館での展覧会に拾い上げてくれた。そのことが、どんなにその後の仕事の支えになったことか。この展覧会で、僕は岡山の仁城さんにも出会っている。エルマーに向かって「僕は……」と言いかけて、感情が抑えられなくなり、言葉に詰まる。熱い涙がこぼれ落ちて、そのまま時間がゆっくりと流れる。そしてどうにかひとこと「ありがとう」と、伝える。

「いえ、あっ君、自分に感謝してください。あなたが自分ですべてを選択したのですから。私は、ただの鏡のようなもんです。自分の姿は、自分では見ることができませんから。あっ君には、これからまだ長いもの作りの時間があります。これからも期待していますから」

そのとき僕は「たましい」を感じた。たましいとは、精神と身体が一つになって、うまくバランスをとりながら自然な流れを保っている状態のことではないのか。たましいを仕事から、いや漆から離してはいけない。そして、人生は素晴らしいと思った。僕が、道に迷ったときには、足もとを照らす案内人がいる。歯車がきちんとかみ合うように、仁城さんも新宮君も菜の花の台ちゃんもいてくれる。僕が何もできなくても、すべてが助けてくれる。僕が特別なのでは決してない。ほんとうに必要なことは同じようにすべての人に用意されているのだ。

さあ、もう一度座り直そう。背筋を伸ばして塗り続けるのだ。

職人の末裔

荒川尚也
ガラス作家

京都の北側には、深い山々が連なり、分水嶺を超え、やがて日本海に通じる道がある。水と風はその頂で生まれ、流れ始めるらしい。光を求め、源を探る旅の途上、僕は荒川さんのガラス工房に立ち寄った。手でものを作る人は、どういうわけかものが生まれてくる場所とも深く繋がっている。そして作ることと同時に、作ることの本質に迫るような言葉があふれ出す。透明なガラスを、自身の住む土地の水の流れ、移ろう光に喩えながら、語り、盃を傾け、夜が更けるまで、ともにもの作る人の来し方、行く末を見つめつづける。

自然の光の中で、無色透明のガラスは、
周囲の景色を映し込んでいる。
その像は、ガラスの形と成形時の痕跡で
屈折し、反射し、変形する。
その乱れは「揺らぎ」を生み、
ガラスの表情をつくる。
それが自然の光の揺らぎと同調したとき、
人の心を動かす。
光の動きは移りゆく時間の現れでもある。
人の心も時の流れに揺らぎ、
ひとつの言葉では捉えられない。
それは音楽にも例えられる。
音楽は自然の流れに乗せて、
人が作り出す音と音色だ。
音と音色が、
聴く人の心の動きと同調したとき、
心地よさや感動が生まれる。

僕は七〇年代の終わり頃、
札幌のガラス工場でガラスを学んだ。

そこでは、当時でも殆どが、
機械生産やプラスチック製に変わっていた
実用ガラス（容器ビン等）が、
職人の手によって、吹きガラスで作られていた。
そのガラスには工業製品に無い美しさがあった。
それはデザインの美しさというより、
自然の美しさに近く、波や風、人の息遣い、
山並みや木々の姿にも見られる
リズムと揺らめきをもっていた。
機械の幾何的な繰り返しではなく、
又、でたらめな乱れとも違う心地よさがあった。
その美しさは、頭で考えたデザインでなく、
直接、身体の流れにしたがって
ガラスを吹くことで生まれる。
そのことを、工場で単純なかたちを
繰り返し作り続けるという、
一見、機械のような仕事のなかで知った。
つまり正確に動く機械に成ろうとすることで、
自分の中にある自然に気が付いたことになる。

人は物を作るとき、その素材に触れ、
素材の感触に触れながら手を加えて行く。
そのやりとりのなかで、
素材の性質を自分の中に取り込んでゆく。
自然の素材を使うとき、
人は自分の内にある自然を自覚する。
その自分の内にある自然とは、
人が人となる遥か以前、海に浮かぶ生物だった頃に、
遺伝子に刷り込まれた波や潮の満ち干きのリズム。
人が生まれてから目にし、肌に感じてきた、
光や風のもつ「揺らぎ」
それらが人の内に刻み込んだものだ。
その内なる自然、つまり、人の心が持つ揺らぎと
自然の持つ揺らぎが共鳴したときに、
心地よさが生まれる。
それが自然の素材に触れたときの感覚だ。
しかし、ガラスを熔かす高温の坩堝《るつぼ》の中は、
人が生きる自然界ではなく、敢えて言えば、
重力や熱エネルギーの法則だけが
働いている世界だ。
人が坩堝から巻き取る、熔けた状態のガラスには、
自然界のリズムや揺らぎは刻み込まれていない。
つまり、素材としてのガラスは自然素材ではない。
そこに自然を持ち込むのは吹く人だ。
作りたいのは自然と同質のガラス。
無色で透明のなかに、自然の光と色を感じたい。

荒川尚也（展覧会案内状より）

本物の工芸家から発せられた、
作ることの本質に迫るような
言葉にどうしようもなく感動を覚えることがある。
それは、ほかの誰の、ほかのどんな言葉とも
置き換えることができないものだと思う。

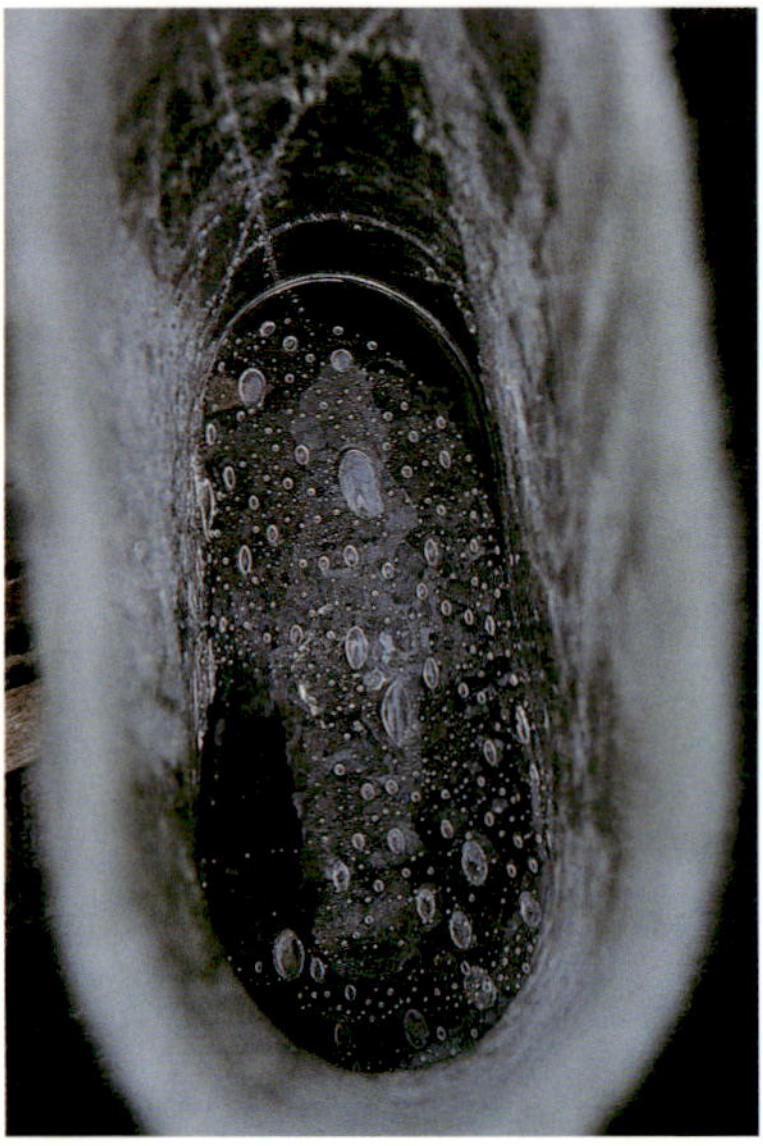

阿多古祀符
火廼要慎

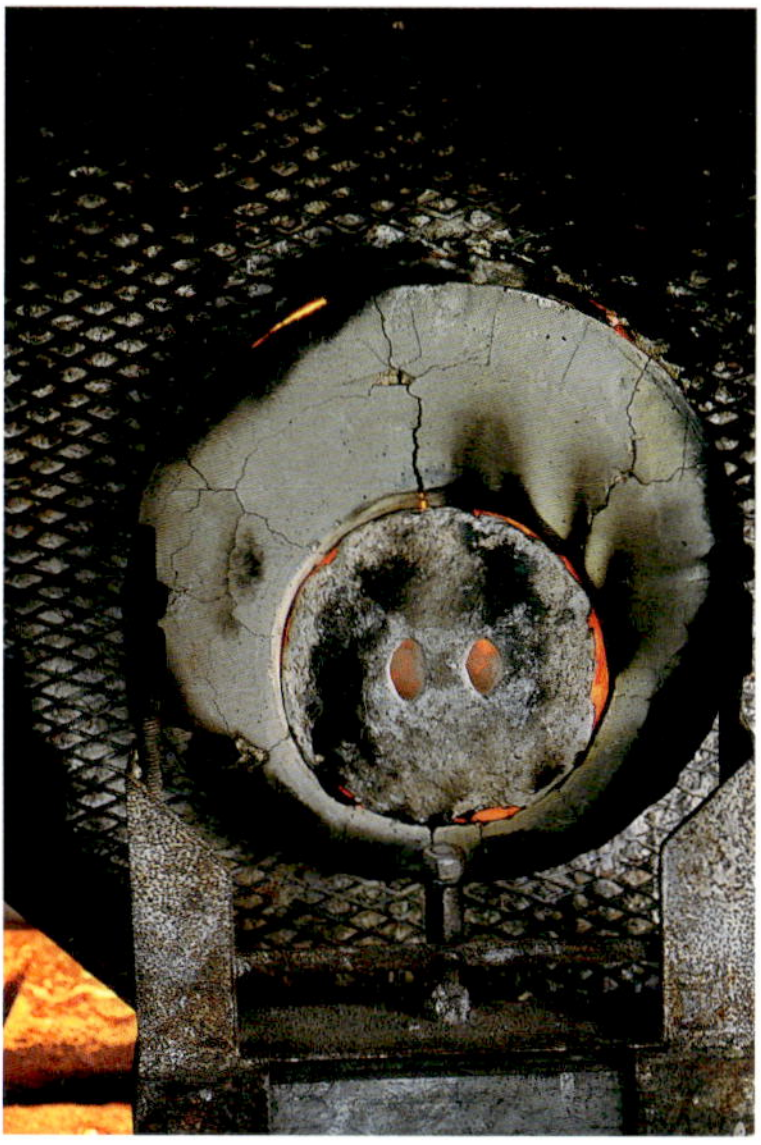

何も無い

僕たちが荒川さんの家に到着してすぐ「赤木さん、面白い場所に行きましょう」と、案内してくれたのは工房裏手の小さな森。木立の合間に、ポカンと開いた場所は古い土葬用の墓地で、盛り上げられた土の上に目印の石が一つずつのせられて、雑草に覆われている。いやな感じが少しもなく、どこからか清浄の風が吹いてくる。実際、不思議な土地だ。京丹波の山塊の懐に流れる水は深い渓谷を刻んでいる。ぐるりと蛇行して下る川に沿って岬のように飛び出した土地の天辺なのだ、ここは。目的地はすぐそこにあるはずなのに近づいて行こうとしても、森の道は迷路のように続いてなかなか辿り着けない。不意に風景が開けると、向こうの方でガラス工房が鎮守の森を守る社のように建っている。

「よい場所と出会われましたね」

「何でもないけど、よいものを作りたい」と、僕が出会った多くの作り手たちが同じように繰り返す。僕自身もそうなのだ。だが、荒川さんも僕も、本当に何も無いものが作り出せるわけではない。言い方は悪いけれど、余計なことをたくさんしているのだ。荒川さんのガラス、基本は無色透明。しかし、泡、皺、揺れ、歪み、といった表情＝テクスチャーがふんだんに盛り込まれている。

「いつかは、余計なことはすべてやめてしまい、工業製品のように全くの透明で、でも人の心を揺さぶるような何かが入っている、そんなものを作るようになるのでしょうか」

もちろんそれは、僕自身への問いかけでもあるけれど、荒川さんは笑っていて、何も答えない。

工業と工芸を分かつものは何だろう。あとから荒川さんが送ってくれた巳亦《みまた》進治氏の手記を興味深く読んだ。巳亦氏は、町のガラス工場の職人そして経営者で、荒川さんにとっての師匠。手工業が近代化され、ガラス生産が産業に集約されていく中、職人さん手作りの吹きガラスは、生き残りをかけた熾烈な競争にさらされた。機械生産と競うことで、人の手がまさに機械に近づこうとする。その血路、手工業は敗れ、あまたの町工場が廃業に追い込まれていく中、巳亦氏の工場はいわゆる民芸ガラスに活路を見いだす。氏はそこで、自らの意志で自由にもの作りができる喜びを記述する。荒川さんは、その工場の職人として入り、手工業と民芸の両方を体験する。過酷な労働に従い、自らの身体を機械化することで、彼はガラス製品に現れる揺らぎを自らの内奥に、そして歴史に潜んでいた自然として認識し始める。人が手でものを作ること、つまり工芸の本質は、ここにあるのではないか。素材を、加工するための物質的な単なる材料とみなし、人間がそれを支配していく工業、また、人間の自由意志を発露するとされる民芸（これは柳宗悦の理想と齟齬があると思われる）とは決定的に異なる。素材という自然は、ある意味生命力を持ち自ら生成するものとしてとらえられ、人間自身も揺らぐものとして、自然の懐の内にある。人間の意志、意図、計画といったものから離れた地点に、もの作りの始原を荒川さんは発見したのだ。この点において、荒川さんは、手工業とも民芸とも袂を分かつ新しい世代となった。いや、荒川さんこそ、柳の言う〝民藝〟の本質に近いのではないだろうか。

町工場が担っていた手工業はいまや成り立たない。それを真似たものを作る必然性ももはや無い。残されたのは、個人の手に委ねられた営みだけだ。僕は荒川さんの仕事を見つめ続けた。高温で溶解したガラスに、ある程度の形が与えられた後も、彼の手はガラスに関わり続ける。切れ目を入れる、挟み込む、引っ張る、傷つける、転がす、傍目からは執拗と思えるほど長い工程で荒川さんは探り続けているのだろう。余計な作為を完璧にし、人工を尽くし、ありとあらゆるものがこれでもかというくらいに与えられた時、ふと作為も

人工も超えてしまう瞬間を僕は見た。

テクスチャーとは、素材と人が出会い、触れ合った時に生まれてくる痕跡。時間の記憶だ。ものに時間が刻まれることによって、「佇まい」としか言いようのない何かが生まれる。そして、その佇まいにこそ、美しさの、いや存在そのものの秘密を解き明かす鍵がある。

何も無いということは、本当にすべてのものが何も無いということではなく、すべてのものが、ありとあらゆるものが、混ざりあい、寄り添い、あって、あって、溢れかえっている、その中に何も無いということがあるのではないか。そういうふうに、何も無いということがあり得る舞台のようなものを、僕は佇まいと呼んでいる。僕の感じる佇まいとは、見えないけれど、見えるもの。見えるけれど、ただ感じるもの。確かに、形と色はあるけれど、その本当は何も無い。そのことを知る。

工芸家が自らの身体を使って何かを作り出す刹那、素材と睦みあい、私という自然に出会いながら、二つのものは一つに成りながら、世界はいつまでも変わり続け、どこまでも流れ続け、とどまることが一つもない。つまり、そのようにしてすべてのものは最初から消えているのだ。何も無い。それでいい、ただそうしてさえいれば、もう問いかける必要はないのだ、「美しいものとは何か」と。

ええ形

新宮州三
木漆芸家
村山亜矢子
漆芸家

「赤木さん、これどう思いはりますか?」「なんで? そんなこと言わはるんですか」。新宮君が輪島に住んでいたとき、僕は質問されつづけ、答えつづけた。対話は豊かなものを紡ぎ出す。尋ねられることによって、僕はどんなに彼から学んだだろう。そろそろ、反対に僕のほうから訊く番がきた。古い友人を訪ねて、能登から京の宇治へ、車で五時間かけて移動するあいだに、僕は十五年の時間をさかのぼる。辿り着いたのは、僕自身の仕事が始まった場所。旅は、たんに空間を移動するだけのものではない。身を空間に委ねながら、心が時間を遡航していく。

きっと何かが始まっている

何年か前に、新宮君と亜矢子さんがいっしょに暮らしはじめたという葉書を頂いた。それから新宮君の初個展の案内も届く。きっと何かが始まっている。何かが始まっている場所を見てみたい。ずっとそう思っていた。

二人の家は、二軒続きの長屋だった。最初に借りたのは小さな一軒で、材木と木工道具を中に詰め込み、その隙間に新宮君一人で暮らしていたらしい。修行のため通っていた親方の家に近く、最低限の生活を支える場所だった。そこに二羽の文鳥と亜矢子さんが転がり込んでの生活。見かねた大家さんが、空いていた隣の家も貸してくれた。二軒分の家賃は払えないから一軒分は物納に。いまも年に一回、刳りものの器を家賃の代わりに大家さんに届けに行く。へえ、そんないい話もあるんだ。僕からすると、京都の外れのこんな都会でもね。それでも、足の踏み場の無いようなこの部屋で、何かが始まっている。まだちょっとママゴトのような楽しい暮らしぶり。でもその中にもうしっかりと仕事が埋め込まれている。新宮君が木と、亜矢子さんが漆と、そして二人が、出会い生まれてきたものたち。始まりの場所から少しずつ、少しずつ流れ始めた。

ありそうで無い、あたりまえのもの

「とにかく、まず箸だけを作ろう」というところが面白いと思った。とりあえず、箸だけを作る漆芸作家なんているだろうか。できあがった箸は、女の子っぽい、かわいい感じのものになるかと思っていたら、意外とシンプルでしっかりした漆塗りだった。滑りにくくするために先をザラザラにしたり、手で持つ部分に布目をあしらったり、八角や楕円の形に変えてみたり、もう一手間かけて特別なものにしそうなのに、そんなの何もしないのが、またいい感じだった。

あたりまえのものを、ただあたりまえに、しっかりと作り込んでいく。そんなスタートが切れる作り手はそうそういない。「一番身近で、使える漆のものを考えたら、それが箸だったから」。そのとおり、箸を使わない日本人はいないだろう。手の、指の延長として、直接唇に触れるものとして、こんなに身体に近い道具はない。本当にいいものを、一つだけ選ばなければならないとしたら、それは「箸」かもしれないな。

「新宮君のより、亜矢子さんの作っているものの方がいいよね」なんて冗談言ったら、本気で怒り始めるご主人もかわいい。ともに漆を志して輪島にやってきて、二人は出会ったらしい。

自分の内と外をつなぐこと

作ることが楽しくて、楽しくてしようがない。新宮君の筋肉を見ていてそう感じる。僕だって、今でもものを作ることが楽しい。でもね、楽しいことの質が少し違ってきてる。なんだか新宮君の場合は、身体が作ることを喜んでいるふうなのだ。呼吸が、鑿を打つ槌の音が弾んで聞こえてくる。僕が修行を終えて、もの作りが始まった十五年前と今とを比べると、僕の身体はずいぶん静かになってしまった。それも悪いことではないけれど、「ああこんな時もあったんだ」と若い人が眩しく見えてしまう。

身体が喜ぶのにはわけがある。身体のなかに見えない形があることを知ったのだ。肉体がそいつを探り、それを具体的な形にして、グイッと外に押し出す。やがて、質量を持った目に見える器が現れる。自分の内部と、外部を結ぶような仕事をすると身体が喜ぶのだ。そういうときにしか、作れない形がある。喜びが、形の中にちゃんと入っている。だから、そんな器を使うことのできる人は幸せだ。器を作る人は、いつまでもそのことを忘れてはいけないと思う。二泊させてもらって、さんざん酒を飲んで話した。僕は、新宮君たちがよいものを作り始めたことが、嬉しくて仕方ない。

見えない形

僕に背を向けて、刃物を研ぎ始めた新宮君がぽつりと言った。

「刃ぁ付けんのも、自分の中にある見えへん形を見つけることなんです」

「研ぎ方は親方に習ったの？」

「いえ習いません。刃物は自分のもんやから、自分の研ぎ方があるだけです。そやから、自分で見つけるしかありません」

　少々身内話っぽくなるけれど、十年ほど前の一年間、新宮君は僕の漆工房で仕事をしていた。やがて塗りだけではなく、形も自らの手で作りたいと輪島を離れ（輪島では塗りをする職人と木地を作る職人は分業している）、京都に移り、刳物師《くりものし》の弟子となった。それから七年のあいだ修行を積み、ようやく独立し、二〇〇六年九月に初個展を開き、自らの作品を発表した。

「弟子として修行しているあいだは、何を考えていたの？」

「親方のことばかり考えてました」

「親方の何を？」

「自分の作っとんのは、親方のもんなんで、親方の作るもののことだけ、いう意味です」

「いろいろと教えてもらえたの？」

「いえ、全く何も教えてはもらえませんでした」

「そう、それでいいんだよね」

「はい。僕が輪島を離れるとき赤木さんが『弟子に入ったら、自分のことは全部捨ててしまえ、滅私奉公やぞ』って言うてくれた意味が、七年たってようやくわかりました」

伝統的な徒弟制度の中で弟子をするということは、僕の人生のほんの数年間、自分というものを徹底的に消し去ることができた貴重な時間だった。自分の好みやセンスも、個性も、そんなものは一切関係ない。自分のものを作ったり、表現したりということを考えることすら無い。親方ならこう考えるだろう、こうするだろうと、ただそのことだけに集中して手を動かす。やがて、弟子になるまえにこだわっていたこと、考えていたことが、なんて小さくて、つまらないことだったのかと感じるようになる。弟子とは、何かを教わる者ではない、小さな自己を捨てる者なのだ。

「そしたら、自分の中に、見えへん形が確かにあることに気がついたんです」

自分を消し去ったとき、初めて自分の芯にある「美しいもの」が見えてくるのだ。

「その形は、刳りもんやないとできへん形やったんです」

「刳りものだけにしかできない形？」

「そうです」

「他のやり方でも、全く同じ形を作ろうと思ったらできるんじゃないの？」

「いいや、できません」

「それはどういう形なのか具体的に教えてよ」

「これを見てください」

新宮君が取り出した隅切《すみきり》の角皿は、四方の側板が垂直ではなく、ちょっと外側に開いたように立っていた。

「側面の真ん中辺は垂直に近い角度で立ってますよね、それが両隅の方へ近づくに従って少しずつ外側に開いていくのがわかりますか」

「確かに」

「ひとつの側面の角度をこういうふうに微妙に変えられるのは、刳りもんやからできることなんです。角度が全部いっしょやったら、ええ形にはなりません」

「いい形というのは、どういうことなの？　説明してみて」

「そんな僕にはでけしませんよ。言葉にでけへんから作るんで」

「そうだよね」

新宮君の皿の底の平らな部分は、隅々まできちんと水平に刳られている。でも側板の角度が隅に近づくほど微妙に開いていくせいで、底板の四隅が下がって見える。逆に言えば中央が盛り上がったように感じる（実際には平らなのに）。その視覚的な効果で、器全体に大輪の花が開いたような、おおらかでゆったりした印象が与えられている。もの作りとは、そういう思考を手の中で行うことだ。

「それが、この器をいい形だと思わせる秘密じゃないのかな」

「そうです。でも、そんなん絶対書かんといてくださいね」

「わかったよ。でもね、どうして？」

「これを見る人は、何となくええなぁ、ぐらいに思うてくれたらええんです」

「だよね。新宮君が刳りものの形でやっていることは、一種のテクニックだよね。技術がきちんと入っているけれど、それが見えると嫌らしい」

「見えんほうがきれいと思います」

いい形には、それをいい形にしている具体的な何かが必ずある。何かをいい形だと感じたら、その必然性を具体的に見つけ出すのがプロの仕事だ。同型の中にあっても、ちょっとした線や角度の違いで形の良し悪しが決まってくる。それをどこまでも追いかけることが新宮君の仕事なのだ。細部のすべてとそれらを統一する全体において、徹底的な追求が無いと、どうしてもあまい形になってしまうから。そして、さらに難しいのは、意識しようがしまいが、計算と作為と技術に満ちながら、それを見る人、使う人に微塵も感じさせてはならない。そのほうが、見えてしまうことより、ずっと格好いい。

「木は、板の状態でもう完璧なんです。そこに僕が鑿を入れたとたんに、バランスが崩れて変なものになってしまう。一度鑿を入れたら、もう一度完璧な姿になるまで手を加えてあげないとあかんのです」

「僕のお椀とか見てて、どう思う」

「ときどき、ええ形やなぁ、思うもんがあります」

「ときどきかいな」

「はい。いえ。冗談ですよ、赤木さん」

自分よりずいぶん歳の若い人から刺激を受けるようになって、ようやく僕も一人前になったということだろうか。

今年の夏休み、わたしはおとうさんと、中村おじさんのお家をめぐる旅に出ました。最初に東京にあるおじさんの家に泊めてもらって、家の中も外も歩き回りました。次の日は、いっしょに新幹線で軽井沢へ行きました。おじさんの山小屋には、電気も水道もありません。手こぎポンプで水をくむお手伝いをしました。次の日も電車にいっぱい乗って、千葉にある美術館に行って、おじさんが作った家具や、集めたおもちゃを見せてもらってから、おじさんのお友達のとこに行きました。そこはおじさんが若い頃に作った家だそうです。おじさんは家のことを考えるのが仕事です。わたしはおじさんと、おじさんの作った家が気に入りました。

お家の肌ざわり

案内・赤木 音

中村好文
建築家

みつめる

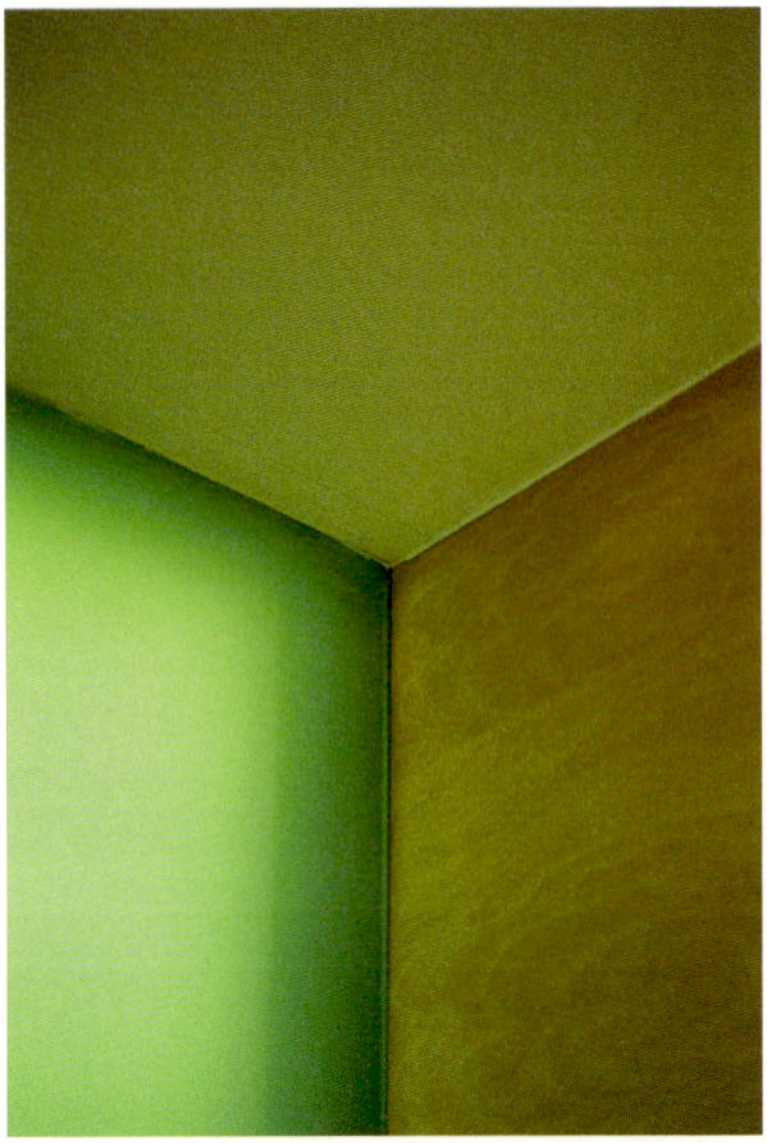

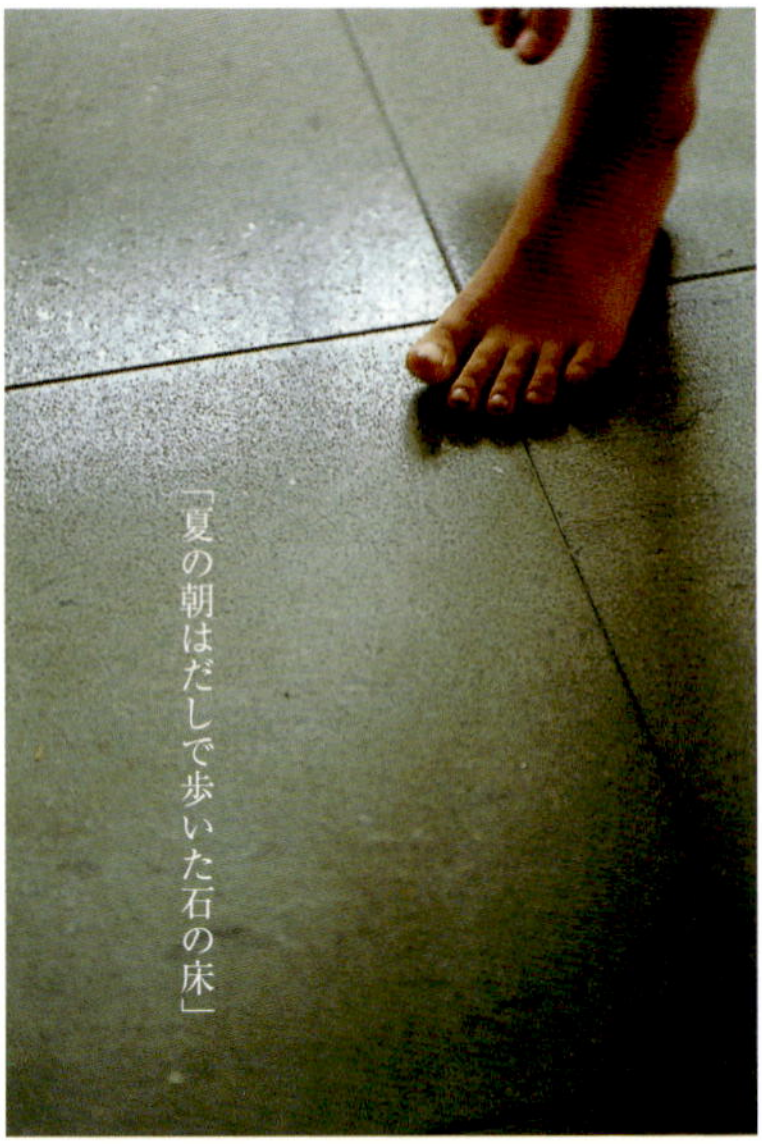
「夏の朝はだしで歩いた石の床」

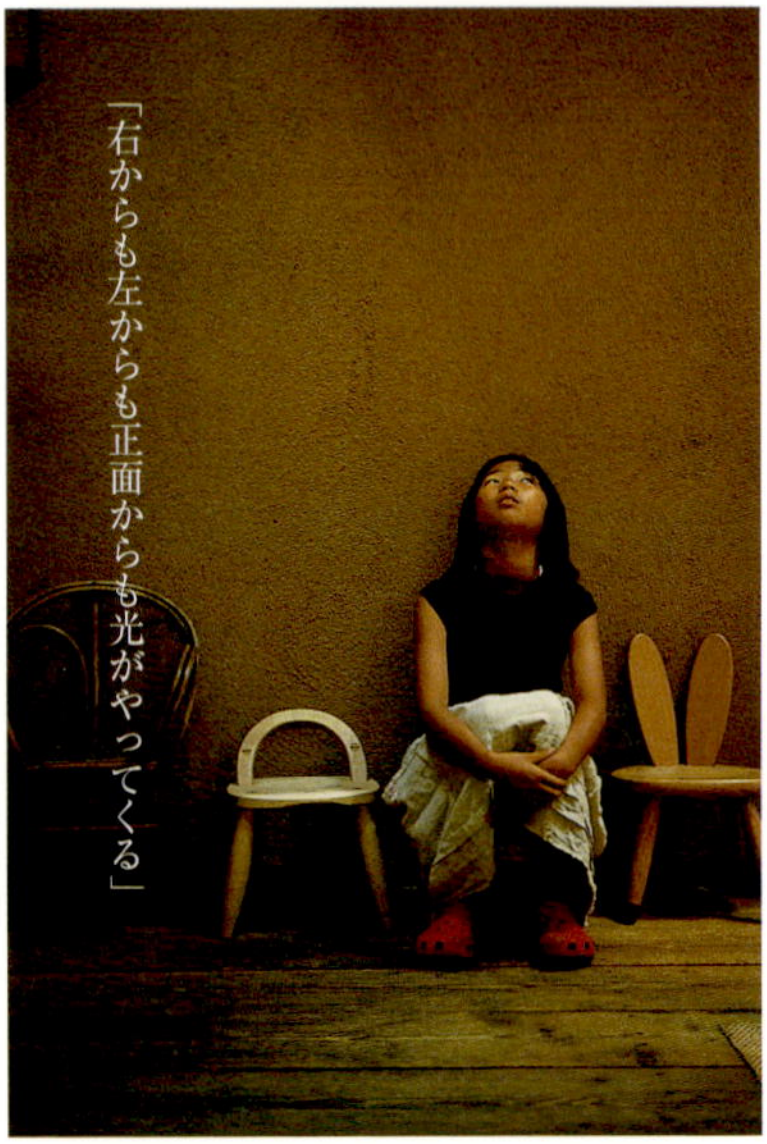
「右からも左からも正面からも光がやってくる」

さわる

「手すりのように膨らんで階段を昇る」

「誰もいないときこっそり開けてみる」

結べば草の庵

僕が子どもの頃に住んでいたのは、両親の借りた家だった。廃業した跡のいかにも古めかしい旅館の建物は三層、奥行きの深い木造で、すでにあちこちが崩れ落ちていた。家の真ん中を仄暗い土間廊下が奥の台所まで通り、途中に坪庭が二つ三つ。一つの庭の底の方には巨大な水瓶がいくつも並んでいた。雨漏りのひどい三階はすでに廃墟。比較的マシな二階と一階に間借りしての暮らし。奥の方には大家のお婆さんが一人いた。思い出すのは、雨の日に水滴を受けるため部屋中に並べられた鍋や丼。天井の染み。覗いた節穴から見えた不思議な光。急階段の手すりの丸み。閉ざされたままの部屋。建物は生きながらにしてその半分ぐらいはすでに闇に埋もれていたのだ。やがて僕は新築された明るくこぢんまりした住宅に引っ越し、いつの間にかあの建物はこの世界から消えていた。それでも、あの家は僕の心の中でそのままだ。家は、住む人の外側にも建っているが、そういうふうにして自分の心の中にも同じように建っている。あの家が僕の内部で、精神の骨格になっている。小部屋に経験を詰め込み、節穴の奥に真実を見つける。家というのはそういうものだ。だから誰かの家を訪ねるということは、そこに住む人の心の中に入り込むということ。精神の構造を隅々まで見渡すこと。かなり怖いですねえこれは。

ところで好文さん、いい家、美しい家って何でしょうか？

「そうだねぇ、まずは住んでいる人の身の丈にあっていることかな。ほら、暮らしぶりに住み手の品格や、趣味や、精神性を感じさせる住まいってのがあるじゃない」

精神性と言ってしまうと、よくわからなくなってしまうけれど……。

「たとえば、玄関にはいつも下駄がきちっとこちらに向けて揃えて置いてあるとかね」

それなら、わかる。でも、その場合に建築家の役割っていうのはどうなるんでしょう。

「僕はね、住宅建築家は仕立屋みたいなものだと考えているんだ」

というと？

「つまりね、住んでいる暮らしぶりや、うんと大げさに言えば心の形に合わせた住まいに仕立ててあげるということなんだよ」

もちろん、洒落ているとか、きれいとかいうのも必要ですよね。

「でもね、独創的であるとか、カッコいいとかだけが建築の価値じゃないと思うんだ。人の暮らしに寄り添う住宅を設計する建築家がいてもいいよね」

つまり建築作家じゃなくて、建築職人というわけですか。それでも、中村さんの建物を統一しているものがある。どの建物にも一貫して流れているこの感じはなんでしょうか。

「うーん、肩ひじ張ってない気楽な気配かなぁ……それを遊び心と呼んでもいいけど」

誰でも、子どもの頃に樹の上に家を建てて住んでみたいと夢想したことがないだろうか。大人たちが忘れたような場所に、秘密の基地や隠れ場所を作ったことがないだろうか。そんな夢を実現させてしまったような家なのだ、ここは。中村さんの心には、まだ樹上の小屋が建っていて少年の中村さんが住んでいる。ものを作る人にとって、自分の中に子どもがいるってことは特別大切なことだ。大人になると誰もが忘れてしまうけれど、もともと子どもは誰かから承認される必要もなく、ただそこにいていいし、夢中に遊んで、いちばん気持のいい場所で眠ればいい。ただいる、ふつうに暮らす、それを喜びで満たすこと、それが子どもだ。

あそぶ

やすむ

大人の中村さんは、住む人の暮らしを丁寧に観察して、その暮らしに寄り添う家はどんなのかを中村少年に聞くのだろう。その少年は、同時に子どもの残酷さもあたりまえに持っている。気が合わなけりゃ、横を向いて、ポイと放り投げてしまうような。もちろん僕はそんな一面にも否定的ではない。純粋無垢な子どもなんてどこにもいない。その逆も持ち合わせてこそ子どもの面白さだ。だから、中村少年と仲良くなっていっしょに遊ぶことさえできれば、とびきり楽しい家ができあがるはず。

そんな中村建築がとても現代的だと思うのは、建てた人の暮らしとともにやがて住宅も消えていくべき宿命を負っているということだろうか。だからといって中村建築が特定の時代に生まれ、はかなく消えていく存在だというわけではない。時間を超えたもの、普遍的なものは、うたかたに浮かんでは消える人間の暮らし、それでも基本的に変わることなく繰り返される人の営み（子どもが遊んでいるような風景を含んでいる）の中にしかないと思う。その確かさを、僕は中村さんの脳の中に次々と建ち上がってくる家の中に入り込んで感じることができた。

そんな中村さんも、還暦を迎えた。

「これからあと何軒建てられるだろう、よく考えて仕事しないとねぇ」

少年の夢はいつかは消える。でも、夢のまま消えるのか、実現させてから消えるのかでは大きな違いがあるだろう。まっすぐに暮らしと器を結んだような中村さんの家にいて、無常を感じるのは僕くらいかもしれないけれど、消えていくことを知った大人と、ただいることの喜びに満ちた子どもの、混ざり合った空間に僕は閑《しず》かな安らぎを感じている。

正直に　あとがきにかえて

東京・目白の裏通りに一軒の古道具屋がある。そこに通い始めたのは、一九八〇年代の後半。僕が輪島に移り住み、漆の弟子となる時期と前後していた。この小さな店にぱらぱらと並べられていた、ほんの僅かな古道具を見つめながら考えつづけてきた。「美しいものって何だろう」と。「ものを選ぶことは、作ることと同様に自身を問われることなんだ」と、ご主人の坂田和實さんは語る。そしてそれは望むか望まざるかにかかわらず、闘いつづけることだった。いったい坂田さんは、そして僕自身は、何と闘わざるを得なかったのだろうか。

この世界の混沌の中から、美しいものを選び抜くことで、自らの美意識を築き上げた先達がいた。茶の湯の千利休が見立てた茶碗も、民藝運動の柳宗悦《むねよし》が選び取った朝鮮の壺も、幾千万の同形の器から一つを抜き取る究極の取捨選択だったはず。そういう選別が可能なのは、人の手で作られたもの、そしてより日常生活に近い下手《げて》のもの、それらには必ず揺らぎがあるからだ。寸法や基本形は同じでも、一つ一つが微妙に違っている。これが、技術的な精度の高い上手《じょうて》のものだったり、機械生産であればそうはいかなかったはず。数寄の選択の結果に、より生活に近いものが多いのは、もともとその数が多いのと、揺らぎの振幅があるので、選択の余地が大きかったからではないか。数多あるなかに美しいものは、ほんの僅か偶然に生まれてくるのだ。揺らぎとは、人工の側ではなく、自然に由来するものではないか。

作り手として一つの器を、その形を作り出すということはとても過酷なことだといつも思っている。器を真横から見ると様々な線が見えてくるが、そのちょいとしたカーブの揺らぎで器の形はみるみる変化していく。線は、形は無限なのだ。作るということはその無限の中から一本の線を選び取るということ。精選の限りない連続。有限の、すでにあるものから選ぶ方がまだしも楽ではないか。

実際に、美しいものがわかるのは、選択の結果でしかない。二つのものを並べておいて、こっちよりはこっちの方がいいとしか言えないのだ。だけど、人はおそらく曖昧なものを曖昧なままに放っておくことのできない生き物だ。本当は美しさなんて気ままなもので、あっちよりこっちが美しいとそれぞれ個別には言うことができても、それぞれの要素を抽出して「美とは何か」を問うことは不可能だ。だけどそのままではみんなが不安なので、これが美しいと決めてしまうことを文化と呼んでいる。ものの美しさという極めて曖昧なものに、基準を作り、序列を作り、価値を生み出し、そうやって作り上げたものを人に押しつける。それが人間の文化の正体だと思う。人に自分の考えを押しつけるには、権威的になったり、威張ったりしなければならない。

相対的な、選択の結果でしかない一つの器を金科玉条のように持ち上げ、絶対化し、美の基準にしてしまえば楽なもんだ。誰もが曖昧で過酷な選択に苦しまなくてすむから。

利休や、柳の選択にしたって、日常から切り離された茶室や、古民家風の重厚な空間が想定されていなければ、全く別のものになってたんじゃないの、と坂田さんから教わった。

僕が自分で選び取った線に「これでいいのだ」という確証を与えるものは何もない。美しいものを作りたいが、「美しい」ということの答えは、いつまでも曖昧なままだ。すべて、僕だけの世界で孤独な選択を繰り返す。何かを手にしたと思っても、気がつくと指のあいだからこぼれ落ち消えている。あいかわらず、不完全なものを僕はこの手で作り続け、不安と自戒のどん底に転げ落ちる毎日。作れば作るほどそうなのだ。

　そんな僕が、ふらふらと迷い込んだ迷宮が古道具坂田だった。その店のことを、たとえばこんな風に書くことができる。「そこには、いわゆる骨董として値踏みされ、価値の認められたものは何もない。一見するとゴミのようなものが商品として並べられている」と。でも、それは間違い。あるのは、何の値打ちもない錆びた鉄塊や丸めた紙屑ではなく、ちゃんと○時代の△地方の□ですと、その名と由来を説明できるものばかり。「だがそれは、今まで価値があると誰にも思われていなかったものを、坂田さんが掘り起こし光を当てたのだ」と、言ってみてもたいして意味はない。ここにあるのは、かつては人の営みの中で価値のあったもの、必要とされていたもの。だが今はそうでないものだ。時間の経過と、時代の変化によって用をすでに失い、朽ち果てようとするものの最後の姿、「ぼろ」がただあるだけなのだ。

　だがここで、僕が何度も見失ったあの線を、再び発見する。美しい形と何度も出会う。僕がずっと探しているのは、かつては確かにあったけれど、もう誰も感じることのなくなった、そして消え果てる一歩手前の「ぼろ」の中に再び現れた、この、あの、美しい形なのだ。

　奥の方で背筋を伸ばしてちょんと座っている店主に話しかけると、威張ったところの少しもない人だった。それから僕は、問いかけてみようかと何度も思った、「美しいものとは何でしょうか」と。そのとき僕は不安で、自分のやっていることの確証が欲しいだけなのだ。実際に問うたことは一度もないけれど、でも答えはわかりきっている。「そんなもん私にもさっぱりわかりません」と。

　もう一度ものを作ることについて考えてみる。作ることは無限という混沌の中から一つの形を選択することだ。僕が想像するに、実はその選択に確証を持てる人間は一人もいない。美しいものについて考えることも同じで、これが正解だと言える人なんてどこにもいない。

　坂田さんは、正直な人だった。だがその正直さの裏には、よく切れる刃が隠されている。なぜなら僕には坂田さんは人間の創り上げてきた文化そのものに反逆しているように思えるから。押しつけようとするものがあれば「それは違うんじゃないの」と、外方を向く。どちらを向いても所詮は人間の作り出した不完全なものばかり。そのあいだを、あちらへふらりこちらへふらりしながら、何も決めつけようとはしない。坂田さんの問いかけは、人工という行為、つまり作為に対して投げかけられている。それに対して闘う術は「何もしない」ということ。「ぼろ」への憧憬は、人為が堰き止めようとしている時間の経過を受け入れること、そして完璧な美という幻想に抗うことだろう。

僕自身も不完全であること、曖昧であることに、ただ正直でいたいと思う。そして闘いつづけようと思う。もちろん闘う相手は、ときどき自分の内部に立ち現れてくる小さな固いもの。

最後に予定調和するように、美しいものは多様であるとか、自然だとか、神のみぞ知るものだとかと、言う気はない。本当に美しいものに辿り着けるのは、それでも人間だけなのだ。あっちに揺れ、こっちに揺さぶられしながら、その芯には、たった一つの本当の美しいものが確かにあることを知っている。変化することを止め、定まってしまうと、芯は全く姿を見せなくなるだろう。そいつは、闘いつづける人の刃の切っ先に、ほんのちらりと垣間見ることができても、決してこの手の中に摑むことのできないものだから。

それにしても何故、坂田さんは選びつづけ、僕は作りつづけるのか。それは選ぶことが、作ることが、そして人によって作られた不完全なものの中に存在しつづけることが、生きているということだからだろう。そして結局、半端でもいい、不器用でもいい、人間の懸命に作り出したものが好きで好きで仕様がないからだろう。

連絡先／ギャラリーやショップ、個展の詳細情報は直接お問い合わせ、または各ＨＰでご確認ください。

シュテファン・フィンク　アナベル・シュテファン

日本では次頁のギャラリー日日にて、
取り扱いがあります（シュテファン・フィンク）。

坂田敏子

店での販売ほか、毎月各地で展示会もおこなっています。
・mon Sakata／東京都新宿区下落合3-21-6
Tel. 03-3952-5292　http://www.monsakata.com/

内田鋼一

個展を中心に活動しています。各地に常設店があります。
・常設店／ギャラリーＮＯＷ　富山県富山市開85　Tel. 076-422-5002
ギャルリ百草　岐阜県多治見市東栄町2-8-16　Tel. 0572-21-3368

永見眞一

ショップでは桜製作所の家具の展示・販売、また工芸作家等の個展もおこなわれています。ジョージ ナカシマ記念館ではオリジナル家具などが展示されています。
・桜ショップ／香川県高松市天神前4-32　Tel. 087-831-8866
・銀座桜ショップ／東京都中央区銀座4-10-5　三幸ビル1F
Tel. 03-3547-8118
・ジョージ ナカシマ記念館／香川県高松市牟礼町大町1132-1
Tel. 087-870-1020　http://www.sakurashop.co.jp/

吉岡太志　典子

家族でつくっています。
・取扱店／(株)かみ屋　東京都中央区日本橋室町3-3-5　室三ビル3F
Tel. 03-3231-2886　http://www2.ocn.ne.jp/~kamiya63/
一般財団法人 世界紙文化遺産支援財団 紙守
東京都港区白金台5-15-5 トゥワインデール　Tel.03-6408-0083

前川秀樹　前川千恵

月に4日間ギャラリーをオープンするほか、各地で個展、ワークショップをおこなっています。
・BATEAU RUBIGINEUX（バトー・ルビジノ）
茨城県かすみがうら市加茂字西組3366-1
Tel. 090-9342-7663（オープン時のみ）　http://lolocaloharmatan.seesaa.net/

望月通陽

染色の他、彫刻、版画、ガラス絵、ペン画など様々な技法で制作、個展を中心に活動しています。
・常設店／ギャラリー無境
東京都中央区銀座1-6-17 アネックス福神ビル5F　Tel. 03-3564-0256
松明堂ギャラリー
東京都小平市たかの台44-9 松明堂書店地下　Tel. 042-341-1455
・主な著書／『方舟に積むものは』（筑摩書房）『道に降りた散歩家』（偕成社）
・主な装画／『光文社 古典新訳文庫』

米沢亜衣

料理教室を主宰、著書もあります。

・主な著書
『イタリア料理の本』（アノニマ・スタジオ）
『わたしのイタリア料理』（柴田書店）

辻 和美

国内外で個展を多数行なっています。ガラスデザイン・制作ユニットの工房兼ショップを開いています。

・factory zoomer/shop
石川県金沢市清川町3-17　Tel. 076-244-2892
http://www.factory-zoomer.com/

関 勇　関 貞子

毎月初めの10日間にオープンしています。

・ギャラリー韓／山梨県南巨摩郡増穂町平林2397
Tel. 0556-22-6759　Fax. 0556-22-5612

エルマー・ヴァインマイヤー

定期的に企画展が開かれています。京都のギャラリーについては、ホームページをご覧の上、お問い合わせください。

・ギャラリー日日
東京都渋谷区富ヶ谷1-43-12　Tel. 03-3468-9270
http://www.nichinichi.com/

荒川尚也

各地に常設店があります。個展も毎年開催しています。

・晴耕社ガラス工房／http://www.seikosha-glass.com

新宮州三　村山亜矢子

各地に常設店があります。個展も随時開かれています。

・常設店
桃居
東京都港区西麻布2-25-13　Tel. 03-3797-4494
ギャラリーウチウミ
東京都港区東麻布2-6-8　カドルA　101号室　Tel. 03-3505-0344

中村好文

設計事務所「レミングハウス」を主宰しています。建築・住宅に関する著作も多数あります。

・主な著書
『住宅巡礼』『住宅読本』『意中の建築』上下巻（以上すべて新潮社）
『普段着の住宅術』（王国社）

坂田和實

古道具坂田では、さまざまな国の品物を扱うほか、美術館as it isでは定期的に企画展が開かれています。

・古道具坂田／東京都新宿区下落合3-18-9
Tel. 03-3953-6312　http://sakatakazumi.com/
・美術館　as it is／千葉県長生郡長南町岩撫41
Tel. 0475-46-2108　http://asitis.sakatakazumi.com/

赤木明登　あかぎ・あきと
塗師《ぬし》。一九六二年岡山県生まれ。
中央大学文学部哲学科卒業後、
編集者を経て八八年に輪島へ。
輪島塗の下地職人・岡本進のもとで修行、九四年に独立。
九七年、ドイツ国立美術館
「日本の現代塗り物十二人」に、
二〇〇〇年には東京国立近代美術館
「うつわをみる　暮らしに息づく工芸」に選ばれる。
著書に『漆　塗師物語』（文藝春秋）、
『美しいもの』（新潮社）、
共著に『茶の箱』（ラトルズ）、
『毎日つかう漆のうつわ』（新潮社）。
各地で個展を開くほか、
著者のぬりものを常設しているお店が全国にあります。
詳細はホームページでご確認ください。
http://www.nurimono.net/

本書は季刊誌『住む。』（泰文館）
二〇〇五年夏号（十四号）〜〇九年冬号（二十八号）に連載された
「美しいものって何だろう」に加筆修正したものです。

美《うつく》しいこと

著者／赤木明登《あかぎあきと》
写真／小泉佳春《こいずみよしはる》

発行／二〇〇九年　四　月二十五日
九刷／二〇二三年十一月　十　五　日

発行者／佐藤隆信
発行所／株式会社新潮社
住所／一六二－八七一一　東京都新宿区矢来町七一
電話／編集部　〇三－三二六六－五六一一
　　　読者係　〇三－三二六六－五一一一
HP／http://www.shinchosha.co.jp
印刷所／TOPPAN株式会社
製本所／大口製本印刷株式会社

ISBN 978-4-10-302572-6 C0070

乱丁・落丁本は、ご面倒ですが小社読者係宛お送り下さい。
送料小社負担にてお取替えいたします。
価格はカバーに表示してあります。